MÉMOIRE

SUR L'ARTILLERIE DES ANCIENS

ET

SUR CELLE DU MOYEN AGE.

GENÈVE, IMPRIMERIE E. PELLETIER, RUE DU RHÔNE,

Maison de la Poste aux Lettres.

MÉMOIRE

SUR

L'ARTILLERIE

DES ANCIENS

ET

SUR CELLE DU MOYEN AGE.

Par G. H. Dufour,

OFFICIER DU GÉNIE.

Nam balistæ et scorpiones tela
cum sono expellunt.

(*Sénèque.*)

Paris,

AB. CHERBULIEZ ET Cᵉ, LIBRAIRES, RUE DE TOURNON, 17.

Genève,

MÊME MAISON, AU HAUT DE LA CITÉ.

1840

AVERTISSEMENT.

Le savant Dureau de la Malle s'exprime ainsi dans le Discours préliminaire de sa *Poliorcétique*:[1] « On ignore la nature du moteur « et l'emploi du mécanisme des balistes et « des catapultes. J'ai rassemblé les figures, « j'ai traduit dans les écrits, soit des ingé- « nieurs, soit des généraux anciens, les diffé- « rents passages qui concernent ces machines « curieuses. Je n'en suis guère plus avancé ; « il y a plusieurs détails que je ne comprends « pas encore. Des efforts nouveaux sont né- « cessaires. M. Poisson, dont le nom seul « est un éloge, m'a promis de s'unir à moi « pour ces recherches ; nous ferons construire « des modèles en petit de catapultes et de ba- « listes ; nous tenterons des essais, nous va- « rierons les expériences pour augmenter les

---

[1] *Poliorcétique des Anciens*, par Dureau de la Malle. Paris, 1819, pag. xxxvi du Discours préliminaire.

« chances de réussite. Peut-être trouverons-
« nous quelque chose, ou du moins ferons-nous
« reconnaître qu'il est difficile de retrouver
« une invention perdue. »

Ce passage, en me prouvant que l'objet
en valait la peine, m'a donné le désir de faire
les recherches auxquelles DUREAU DE LA MALLE
paraît avoir renoncé, et auxquelles un savant
aussi distingué que POISSON ne dédaignait
pas de coopérer.

J'ai fait mon travail en conscience, non-
seulement en consultant les auteurs anciens
et modernes qui ont écrit sur la matière, et
toujours en remontant aux sources [1], mais
en fouillant dans les historiens, en compul-
sant les chroniques et les manuscrits pour y
chercher les passages qui pouvaient jeter
quelques lumières sur la nature et les effets
de l'artillerie des anciens. J'ai fait les expé-

---

[1] M. Bétant, habile helléniste de Genève, a bien voulu me prêter son secours pour vérifier l'exactitude des citations grecques. Il m'a aussi communiqué d'utiles renseignements historiques.

riences nécessaires pour constater le jeu des machines, et pour établir les formules au moyen desquelles on pût les soumettre au calcul. Les résultats auxquels je suis parvenu paraissent satisfaisants; c'est ce qui m'engage à les livrer à la publicité.

Ce petit ouvrage est partagé en trois Sections : on trouve dans la première la description détaillée des scorpions, des balistes et des catapultes, dont on se servait en Europe avant l'invasion des barbares. L'excellent ouvrage de Maizeroy, sur le même sujet, m'a été d'un grand secours pour cette première partie.

La seconde Section, entièrement neuve, comprend la partie théorique, les calculs et les formules applicables à la balistique des anciens.

La troisième est exclusivement consacrée aux machines de jet dont on ne s'est servi qu'au moyen âge.

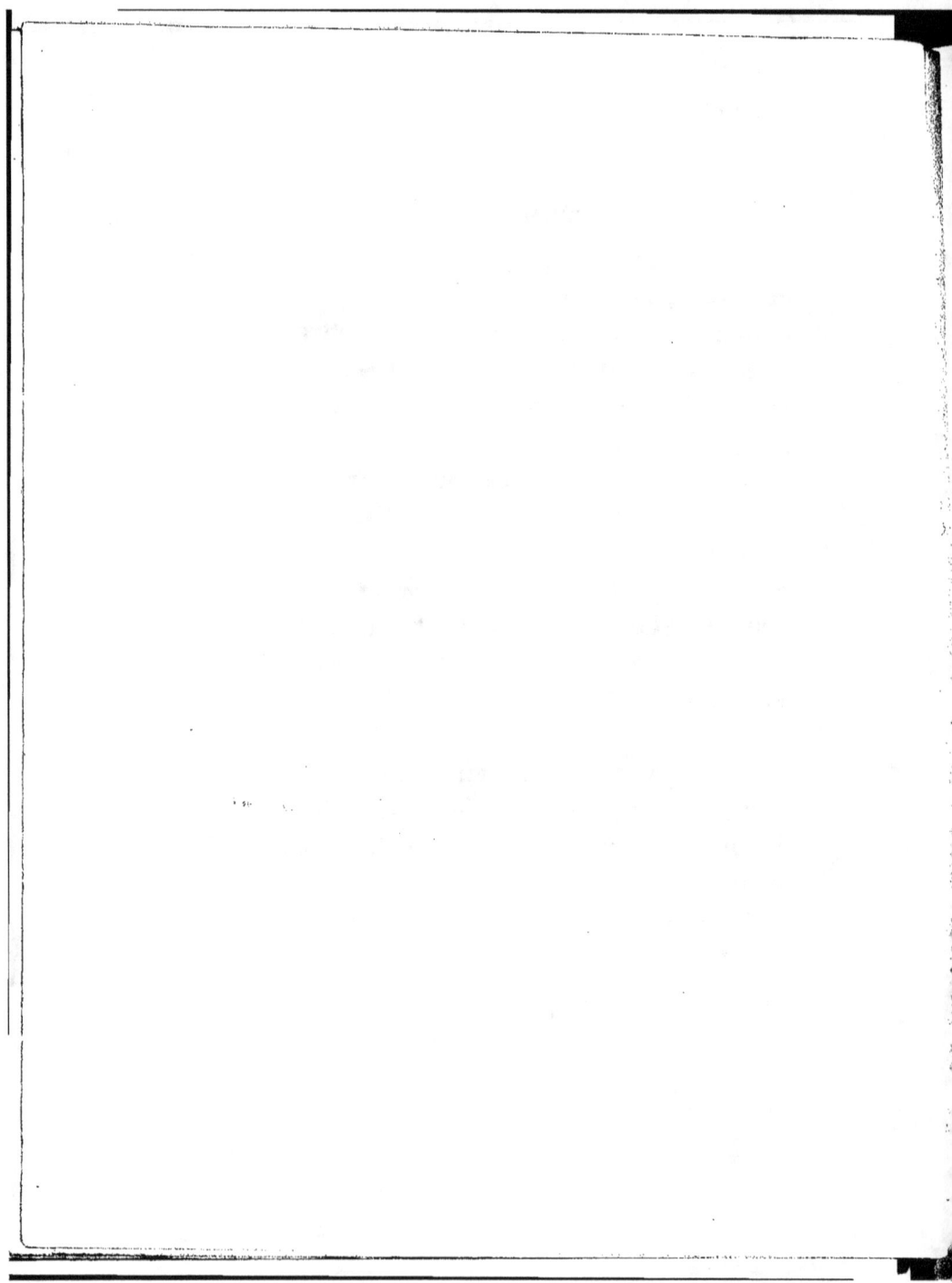

MÉMOIRE

SUR

L'ARTILLERIE DES ANCIENS,

ET

SUR CELLE DU MOYEN AGE.

Section Première.

DE L'ARTILLERIE DES ANCIENS.

ART 1.

Dénominations.

[1] Les machines de jet, en usage chez les anciens, étaient de deux espèces : les unes à tir parabolique, comme nos mortiers ; les autres à tir plus ou moins rasant, comme nos canons et nos obusiers. Les premières lançaient leurs projectiles avec un seul bras, les autres en avaient deux.

[2] L'invention de ces machines, ou plutôt leur introduction en Grèce, ne paraît pas remonter au delà du quatrième

siècle avant Jésus-Christ. Il n'en est fait aucune mention dans
la guerre du Péloponnèse, bien que ce soit la période de l'histoire grecque sur laquelle on possède le plus de détails. S'il
faut s'en rapporter à Plutarque [1], la machine à lancer les traits
(κατατπελτικὸν βέλος) serait d'invention sicilienne et contemporaine
d'Archidamus, fils d'Agésilas. Ce qu'il y a de certain, c'est
que le premier historien qui ait appelé par leurs noms les machines de jet, est Polybe, né en 205 et mort en 123 avant
notre ère. Mais elles n'ont été inventées ni en Grèce, ni en
Sicile; elles sont venues de l'Orient, où l'on s'en servait depuis
longtemps quand les Grecs sortaient à peine de l'état de barbarie. On voit, dans les Paralipomènes, que le roi Ozias, qui
vivait plus de huit siècles avant l'ère chrétienne, fit placer sur
les tours de Jérusalem des machines propres à lancer des traits
et de grosses pierres. L'invention de ces machines remonte donc
à une haute antiquité, quoiqu'on ne s'en soit servi que très-
postérieurement en Grèce et chez les Romains.

[3] Les noms des machines de jet ont varié suivant les
temps et suivant les lieux. Les Grecs appelaient *oxybèle* (ὀξυβελὴς)
la machine propre à lancer des traits, *lithobole* ou *petrobole*
(λιθοβόλος, πετροβόλος) celle qui jetait des pierres. Ils ne se sont
jamais servi du mot *baliste*, comme l'ont fait les Romains; mais
ils employaient celui de *catapulte* dans un sens générique,
comme le prouvent les passages suivants : Κατατπέλται ἐπέκειντο τοῖς
πύργοις ὀξυβελεῖς τε καὶ λιθοβόλοι, les catapultes placées sur les tours, les
unes pour lancer des traits, les autres des pierres (Appien).
Πολυβόλος καταπέλτης, catapulte polybole, ou *pièce* qui jette des traits
et des pierres (Philon). Ἀερότονον καταπελτικὸν λιθοβόλον, catapulte litho-

_____
[1] PLUTARCH. *Apophthegmata rerum et imperatorum.*

bolique à ressort d'air, ou pièce propre à lancer des pierres, qui avait pour principe moteur le ressort de l'air (Philon). ὀξυβελῶν καὶ καταπελτῶν, et ailleurs καταπίλτας καὶ λιθοβόλους, oxybèles et *autres pièces*, lithoboles et *autres pièces* (Diodore de Sicile). On doit donner un sens général au mot καταπίλτης dans ces deux phrases, puisqu'il est mis en opposition, dans l'une à ὀξυβελὶς et dans l'autre à λιθοβόλον, d'autant plus que le même auteur se sert ailleurs des deux mots propres pour désigner les deux espèces de machines, ὀξυβελῶν καὶ πετροβόλων, oxybèles et pétroboles.

[**4**] On voit donc que les Grecs ne donnaient à aucune de leurs machines le nom particulier et distinctif de catapultes, mais qu'ils l'employaient, comme nous celui de pièces, tantôt dans un sens tout à fait général, tantôt dans un sens restreint et par opposition à quelque désignation particulière. Dans ce dernier cas cependant καταπίλτης signifie plus souvent, chez eux, la machine à lancer des traits que le pétrobole ou pierrier. Chez nous aussi le mot *pièce* s'applique plus particulièrement au canon qu'aux autres bouches à feu.

Les Grecs font rarement mention de la machine à un seul bras, au point qu'on pourrait croire qu'elle leur était inconnue, si l'on ne trouvait pas chez Philon qui, de tous les auteurs, est celui auquel nous devons le plus de détails sur ce sujet, le passage suivant où la machine est au moins désignée : «lapides «emittendo ex petrariis tam *palintonis* quam *monanconibus* «(παλιντόνοις καὶ μοναγκῶσι), » lançant des pierres tant des pierriers *palintones* que des *monancones,* ou à un seul bras. Ce passage est tiré d'un petit traité de la défense des places, ouvrage fort curieux, où l'on trouve plusieurs règles encore en usage chez les ingénieurs modernes.

[5] Les Romains, du temps de César et des premiers empereurs, désignaient toutes les machines de guerre sous les noms de *scorpions*, de *balistes* et de *catapultes*. Il n'y a pas d'incertitude sur les deux premiers : le scorpion était la plus petite des machines, il ne lançait que des traits. La baliste lançait des pierres et de gros traits, et même des poutres armées, comme le prouvent les passages suivants : *Balistam jacere magna vi aut hastas, aut saxa,* « la baliste lance, avec « une grande force, ou des traits ou des pierres. » (Isidore). *Magnitudine eximia quintædecimæ legionis balista ingentibus saxis hostilem aciem proruebat.* « Une baliste d'une grandeur « extraordinaire, appartenant à la quinzième légion, lançait sur « l'armée ennemie d'énormes cailloux.» (Tacite). *Asseres enim pedum XII cuspidibus præfixi, atque hi maximis balistis missi, per IV ordines cratium in terra defigebantur.* «Des « poutrelles de douze pieds, armées de fer, étaient lancées par les « plus grandes balistes, et venaient se ficher en terre, après avoir « traversé quatre rangs de claies. » (Cæsar. Bell. Gall. lib. II). *Balista missa a nobis turrem dejecit : qua adversariorum qui in ea turre fuerant V dejecti sunt, et puer qui balistam solitus erat observare.* «Une baliste renversa une tour avec cinq « hommes et un enfant qui était posté là pour observer la ma- « chine. » (Cæsar. Bell. Hisp. lib. XIII). Un si beau coup ne pouvait être produit que par une pierre, car ce n'est pas avec des traits qu'on démolit des tours. Ainsi, la baliste était bien, comme nous l'avons dit, une machine dont on se servait indistinctement pour lancer des pierres ou de très-gros traits.

[6] Il y a plus d'incertitude sur ce qu'était la *catapulte*, quelques auteurs, entre autres Tite-Live, s'étant servi de ce

mot pour désigner la machine à lancer les traits. Vitruve aussi l'appelle *scorpion* ou *catapulte* ; mais César, auquel on doit s'en rapporter en pareille matière, désigne sous le nom de catapulte la machine qui jetait exclusivement des pierres : *ne saxa ex catapultis missa lateritium discuterent* ; « pour que « les pierres lancées par les catapultes ne ruinassent pas la cons- « truction en briques. » (Cæs. Bell. Civil. lib. II). Plus tard, la machine à lancer des pierres reçoit un autre nom : Végèce, Ammien-Marcellin et Procope l'appellent *onagre*. Ce mot était nouveau au quatrième siècle, puisque Ammien-Marcellin, qui écrivait à la fin de ce siècle, après avoir fait la description de la machine, ajoute : *cui onagri vocabulum indidit ætas novella* ; « à laquelle machine on a récemment donné le nom « d'onagre. »

[7] L'onagre est-il exactement la même machine que la catapulte de César ? Cela est probable, mais on n'en a pas la certitude. L'onagre n'avait qu'un seul bras, comme le pierrier *monancon* des Grecs ; mais on ne trouve rien, dans les *Commentaires*, sur la forme de la catapulte ; on doit seulement présumer que, ses effets étant différents, et puisqu'elle portait un autre nom que la baliste, sa forme devait aussi être différente, c'est-à-dire qu'elle devait être à un seul bras pour que son tir fût parabolique.

[8] A la fin du quatrième siècle et dans les siècles suivants, la baliste n'était plus destinée qu'au jet des traits. Elle conservait à peu près sa forme primitive, mais elle était dans de moindres proportions que lorsqu'on l'employait à lancer des pierres aussi bien que des traits. Elle différait cependant du

scorpion, puisque Végèce parle de ces deux machines ; la première lançait des traits plus gros que la seconde, qui ne devait
être autre chose qu'une forte arbalète, et qu'en effet Végèce
appelle aussi *manubaliste*. Plus tard encore, c'est-à-dire à la
fin du neuvième siècle, l'empereur Léon le philosophe, dans
ses *Institutions militaires*, donne le nom de *toxobaliste* à la
machine à traits, ce qui signifie *baliste à arc*.

[9] On comprend, d'après ce qui vient d'être dit, que les
traducteurs et les commentateurs des auteurs anciens ont dû se
trouver assez embarrassés dans l'emploi des termes précédents ;
celui de baliste a été employé par les uns pour désigner les
machines à traits, et celui de catapulte pour les machines à
pierres ; d'autres ont fait le contraire : tous peuvent donner
des preuves à l'appui de leur opinion. Pour nous, nous nous en
tiendrons à ce qui existait du temps de César, et, nous appuyant
de l'autorité de ce grand capitaine, nous classerons en trois
catégories toutes les machines de guerre que les anciens Latins
appelaient *tormenta*, comme nous appelons les nôtres *bouches
à feu*. Ce seront les *scorpions*, ou machines oxybèles, qui ne
lançaient que des traits ; les *balistes*, qui lançaient des pierres
et des traits dans une direction plus ou moins rasante ; et les
catapultes, dont le tir parabolique n'était propre qu'au jet des
pierres ou des boulets métalliques. Cette classification correspond à celle de nos canons, obusiers et mortiers.

ART. 2.

Force des Machines.

[10] Les catapultes et les balistes lançaient des pierres de toute grosseur. Philon qui, parmi les Grecs, est le plus ancien qui ait écrit sur les machines de guerre et la poliorcétique, indique l'usage qu'on doit faire des pierriers (lithoboles) dans la défense d'une place, et il les désigne par le poids des pierres qu'ils lancent, comme nous désignons nos canons par le poids de leurs boulets. La plus forte machine dont il fasse mention jetait des pierres d'un talent [1].

Cependant cette machine est faible à côté de celles qu'on a faites ensuite. L'historien Fl. Josèphe, auquel nous devons beaucoup de détails précieux, dit qu'au siége de Jérusalem, auquel il assista, les plus petites pierres lancées par les machines des Romains, étaient du poids d'un talent, et que leur portée était de deux stades et plus, c'est-à-dire de quatre à cinq cents mètres.

Athénée, parlant d'un pierrier, s'exprime ainsi : *petraria machina jaciens lapides trium talentorum*, « une machine je-« tant des pierres de trois talents. »

[11] Il y en a eu de plus fortes encore. Celles dont Gingis-kan se servait, chassaient des meules de moulin et des masses affreuses qui renversaient tout ce qu'elles rencontraient avec un fracas épouvantable (*Encyclopédie*, article Catapulte). On lit dans l'histoire de ce prince, que, se disposant à porter la

---

[1] Le talent est de 60 mines, ou environ 60 liv. poids de marc.

guerre en Occident, dans l'année 1218, il créa des compagnies spéciales pour le service de ses machines, et les composa d'hommes habiles dans l'art de jeter de grosses pierres contre les villes assiégées (Gaubil. *Hist. de Gingiskan*).

On trouve en maint endroit de la vie de Timur-Bey ou Tamerlan, que ce redoutable guerrier se servait de machines, non-seulement pour lancer les plus grosses pierres dans les villes, mais encore pour démolir les créneaux, ébranler les plus fortes murailles, et même y faire brèche.

[12] Guillaume de Tyr, dans son *Histoire de la Terre Sainte*, avance le même fait : « Les *engins de batterie* tirant « sans cesse, pour, avec de grosses molières qu'ils lançaient « contre les murailles, les affaiblir et faire brèche, pendant « que d'autre costé les pionniers estoyoient à les miner…. Le « comte de Toulouse redoubla sa batterie contre la grosse tour « de Nicée, dont tant feit, à force de gros boulets de pierre « qu'il feit tirer contre, qu'à la continue elle se prit à s'en- « tr'ouvrir et aller en pièces. » (Éd. de Guizot.)

[13] Froissard raconte qu'en 1340, au siége de Thin-l'Évêque par le duc Jean de Normandie, on fit de part et d'autre un grand usage de ces machines *pour lancer grosses pierres et mangonneaux*, qui abattaient les combles et le haut des tours. Elles lançaient jusqu'à des chevaux : «Ceux de l'ost, dit-il, « leur gettoyent par leurs *engins*, chevaux morts et « autres bestes mortes et puantes pour les empuantir, et dont « estoyent là dedans en moult grand détresse. » Il rapporte encore qu'au siége d'Auberoche, que défendaient les Anglais, on se servit d'un engin pour renvoyer dans la place un émissaire

que les assiégeants avaient arrêté: « Lors prindrent le valet et
« lui pendirent les lettres au col, et le mirent tout en un mon-
« ceau *au fond d'un engin*, puis le jetèrent dans Auberoche.
« Le valet cheut tout mort devant les autres valets du chastel
« qui furent de ce moult troublés. »

[14] Nous verrons plus loin qu'il y a du doute sur l'iden-
tité des machines monancones usitées au moyen âge et des
anciennes catapultes. Il n'en est pas moins vrai, qu'avant
l'invention de la poudre, on avait des moyens de lancer dans
les places assiégées des masses dont le poids paraîtrait fabuleux
s'il n'était attesté par les écrivains les plus dignes de foi.

[15] Les balistes avaient aussi une très-grande force: on
a déjà pu en juger d'après ce que César en rapporte. Quand
elles chassaient un trait, c'était avec une telle violence qu'on
ne l'apercevait qu'avec peine. Ammien-Marcellin (Lib. XXIII,
Ch. IV) s'exprime ainsi à ce sujet: *Sagitta percita interno
pulsu, a balista ex oculis avolat, interdum nimio ardore
scintillans; et evenit ut antequam telum cernatur, dolor
letale vulnus agnoscat.* « La flèche, poussée par un choc
« intérieur, part de la baliste et s'éloigne des yeux avec une
« telle vivacité, que quelquefois elle étincelle, et souvent elle
« frappe et fait sentir la douleur d'une mortelle blessure, avant
« qu'on l'ait aperçue. » Et cependant la baliste, du temps de
Végèce et d'Ammien-Marcellin, n'avait plus la même puissance qu'antérieurement, puisqu'elle ne lançait plus des pierres, mais seulement des traits.

« Les balistes et les onagres, servis par d'habiles gens, dit
« Végèce, l'emportent sur toutes les autres machines; il n'y a

3

«ni bravoure, ni armes défensives, qui puissent garantir de
«leurs coups : semblables à la foudre, elles brisent et fracassent
«tout ce qu'elles rencontrent...» (Liv. IV, ch. III.) Ailleurs :
«Plus la baliste a ses bras prolongés, plus elle pousse loin les
«traits, et elle perce tout ce qu'elle frappe. L'usage de l'onagre
«est de jetter des pierres, et, selon qu'il est grand et fortement
«bandé, il lance des corps plus ou moins pesants, mais avec
«une violence comparable à celle de la foudre.» (Liv. IV, cha-
pitre II, ancienne traduction sans nom d'auteur.)

<hr>

Art. 3.

Emploi des Machines de Jet.

[16] Les machines de jet, principalement destinées à l'attaque et à la défense des places, ont aussi été employées dans
les batailles ; mais sans doute qu'il y avait la même différence
entre ces dernières et les autres, qu'entre nos pièces de campagne et nos pièces de siége. Machanidas, à la bataille de
Mantinée, plaça des machines de jet (καταπέλτας), de distance en
distance, devant le front de son armée. Mais Philopémen,
voyant que son intention était de tirer avec ses machines sur
les cohortes de la phalange, ne lui en donna pas le temps, etc.
(Polybe, liv. XI, ch. II.)

Quand César ne commande qu'à des troupes nouvelles et
peu aguerries, il les appuie par des machines de guerre. L'usage
en devient plus fréquent sous les empereurs, l'ancienne disci-
pline étant fort relâchée. A la bataille de Bédriac, entre les

Flaviens et les Vitelliens, la fameuse baliste de la quinzième légion, dont parle Tacite, fit dans l'armée opposée de grands ravages, jusqu'à ce que deux soldats, se dévouant, parvinrent à en couper les cordes avec leurs épées.

[17] Il y avait beaucoup de machines de jet à la suite des armées, du temps de Végèce : « La légion, dit cet écrivain, n'est « pas invincible par la valeur seule de ses soldats; elle doit « encore sa force à ses armes et à ses machines. Premièrement, « elle est munie de *balistes* montées sur roues, traînées par des « mulets, et servies chacune par une chambrée, c'est-à-dire « onze soldats de la centurie à qui elle appartient....... On ne « se sert pas seulement de ces balistes pour la défense des camps, « on *les place encore sur les champs de bataille*, derrière les « pesamment armés; il n'y a ni cuirasses de cavaliers, ni bou- « cliers de fantassins qui soient à l'épreuve des grands traits « qu'elles lancent. Il y a donc cinquante-cinq balistes dans une « légion, plus dix onagres que l'on fait traîner tout armés sur « des charriots attelés de bœufs. L'usage des onagres est de « défendre les retranchements avec des pierres, comme font les « balistes avec des traits.» (Liv. II, ch. IV. Traduction ano- nyme.)

[18] On se servait aussi des machines de jet dans les com- bats de mer; on y employait même celles du plus gros calibre, malgré l'embarras qu'elles devaient occasionner. Athénée, liv. V, dit : *In nave regis Hieronimis petraria collocata fuit quæ lapidem trium talentorum emitteret et hastam duodecim cubitorum, utrumque autem istud ad stadii longitudinem.* «On plaça sur le vaisseau du roi Hiéron une machine capable

«de lancer à la distance d'un stade, soit une pierre de trois
«talents, soit un trait de douze coudées.» Et pour se faire une
idée de ce que devait être une pareille machine, il faut savoir,
qu'au dire de Philon, le lithobole d'un talent avait dix-huit
pieds de long, sans compter l'appareil qui servait à le bander.

[19] Ces machines étaient donc fort lourdes et fort embarras-
santes; aussi construisait-on sur place les plus grandes, en ne
transportant que les pièces essentielles. St.-Louis, dans sa mal-
heureuse expédition d'outre-mer, fut obligé d'employer le bois
de ses vaisseaux pour se procurer quelques machines, ne trouvant pas d'arbres à couper en Egypte. On voit aussi dans Guillaume de Tyr, qu'à la première expédition les croisés allèrent
chercher dans les forêts voisines, les bois nécessaires à la construction des machines de jet, et autres destinées au siége de la
ville de Nicée.

[20] Il est clair que plus les machines de jet étaient volumi-
neuses, moins elles devaient être nombreuses dans les approvi-
sionnements de siége. Josèphe dit que les Juifs avaient dans le
fort Antonia, à Jérusalem, jusqu'à trois cents oxybèles, et seulement quarante lithoboles. Lorsque Scipion s'empara de Car-
thagène, en Espagne, il y trouva cent vingt catapultes (oxybèles) de grand calibre (*maximæ formæ*) deux cents quatre-vingt,
de moindre calibre; vingt-trois grandes balistes (lithoboles),
cinquante-deux moindres, et une immense quantité de scorpions
(manubalistes) grands et petits. (Tite-Live, liv. XXVI.)

Art. 4.

Justesse du Tir.

[21] On conçoit bien que les scorpions, ou machines oxybèles, dussent avoir un tir assez juste; mais il est difficile de croire
qu'il en fut de même des balistes et des catapultes, parce que
leurs projectiles, de forme irrégulière, et de poids très-variables,
devaient, d'un coup à l'autre, donner des portées bien différentes. Voici, cependant, quelques exemples qui prouvent que les
anciens artilleurs savaient aussi atteindre le but.

[22] Au siége de Syracuse, Marcellus faisait avancer une
grande machine, appelée *sambuque*, qu'il avait placée sur huit
galères liées ensemble. Comme elle était encore assez éloignée
des murailles, Archimède lança contre elle un gros rocher de dix
talents; après celui-là un second; et un moment après un troisième, qui tous la heurtant avec un sifflement et un tonnerre
épouvantables, renversèrent et brisèrent ses appuis, et donnèrent une telle secousse aux galères, qu'elles se lâchèrent et se
séparèrent. (Plutarque, *Vie de Marcellus*). Polybe, il est vrai,
raconte ce fait d'une manière différente : selon lui, et j'avoue
que cette version me paraît plus vraisemblable, ces rochers
étaient simplement portés en dehors des murs par des machines pivotantes, espèces d'antennes, qui les laissaient tomber
d'aplomb sur les vaisseaux, lorsqu'ils s'approchaient des murailles pour y appliquer la sambuque, espèce d'échelle colos-
sale. Cependant Polybe dit aussi, qu'il y avait dans Syracuse
certaines machines qui lançaient des pierres contre les vais-

seaux, et que ces pierres *tombaient si juste* qu'il fallait se retirer pour s'en garantir. (Liv. VIII, ch. III.)

[23] Le fameux Tamerlan, se disposant à attaquer une place, en examinait les remparts; les assiégés décochèrent une grosse pierre qui tomba tout près de lui, et roula jusque dans sa tente. Il fit dresser vingt machines autour des murailles, et, entr'autres, une où il avait failli être tué, et la première pierre que l'on tira de cette machine donna sur celle des assiégés, et la mit en pièces. (*Vie de Timur-bey*, tom. III.)

Au siége de Tyr, qui eut lieu en 1124, les assiégeants, reconnaissant qu'ils n'avaient parmi eux aucun homme en état de bien diriger les machines, firent demander à Antioche un certain arménien nommé Havedic, homme qui avait une grande réputation d'habileté : son adresse à manier les machines, et à faire voler dans les airs les blocs de pierre, était telle, à ce qu'on dit, qu'il atteignait et brisait, sans aucune difficulté, tous les objets qu'on lui désignait. Il arriva en effet à l'armée, et déploya tant de talent que les assiégés durent croire bientôt qu'une nouvelle guerre commençait pour eux. (*Hist. de la Guerre Sainte*, par Guillaume de Tyr, edit. de Guizot.)

[24] Froissard cite un fait qui se rapporte à l'année 1340, et que nous donnerons textuellement: « Ce jour même ceux de « Valenciennes levèrent un très-bel engin à leur côté, qui jettoit « des pierres dedans la ville et au chastel, et travailloit moult « fort ceux de Mortaigne. D'autre part, il y avoit en Mortaigne « un *engigneur* [1] très-bon maître, qui considéra l'engin de « Valenciennes et comment il grévoit leur forteresse; car il

---

[1] Faiseur *d'engins*, d'où vient le mot *ingénieur*.

« jettoit incessamment. Si leva ou chastel un engin, qui n'es-
« toit mie moult gros, et l'attrempa bien et à point, et ne le
« fit jetter que trois fois : dont la première pierre cheut à douze
« pas près de l'engin de ceux de Valenciennes, la seconde au
« plus près de la huge, et la tierce pierre feut si bien appointée
« qu'elle férit l'engin parmi la flèche et la rompit en deux moi-
« tiés. Adonc fut grande la huée des soudoyers de Mortaigne. ».
(*Chroniques*, tome I, ch. LX.)

[25] On augmentait la justesse du tir en se servant de boulets de pierre taillés régulièrement, au lieu de simples cailloux
de rivière, qu'on ne devait employer que par économie, à
défaut de boulets sphériques, ou lorsqu'il n'importait pas d'atteindre un but déterminé. On trouve encore, dans plusieurs
villes, de ces anciens boulets de pierre, qu'au moyen âge on
appelait *bedaines*. Il en existe un approvisionnement assez considérable à Zurich, où quelques-uns ont jusqu'à 20 ou 22 pou-
ces de diamètre.

Art. 5.

Transition.

[26] On a vu plus haut, qu'en 1340 on employait toujours
les anciennes machines, quoique l'artillerie nouvelle fût déjà
inventée, et qu'on se servît de *bombardes* dès le commencement
de ce siècle. La transition doit se rapporter à l'époque où vécut
le connétable Duguesclin. On voit, en effet, dans sa biographie,

qu'au siége de Bergerac, qui eut lieu en 1374, il fit venir de
la Réole une lourde machine qu'on appelait une *truie*, et qui,
tout à la fois, servait à lancer de grosses pierres et formait un
couvert pour mettre à l'abri une centaine de gens d'armes. Le
connétable dédaignait la nouvelle artillerie qui, disait-il, ne
produisait pas assez d'effet. Ce ne fut que sur la fin de sa car-
rière qu'il en fit usage, parce que son service s'était considéra-
blement amélioré. L'époque où vécut cet illustre guerrier est
donc celle de la transition de l'ancienne artillerie à la nouvelle.
Cette transition peut ainsi être placée dans la seconde moitié
du quatorzième siècle. Mais de même qu'on avait commencé,
de 1320 à 1330, à introduire dans les armées l'usage des
bouches à feu, on continua assez longtemps, après l'époque de
Duguesclin, à se servir des anciennes machines, concurrem-
ment avec les nouvelles, soit par habitude, soit par nécessité,
jusqu'à ce que, disparaissant peu à peu, elles furent entièrement oubliées à la fin du siècle suivant.

[27] On a prétendu que le duc de Parme employa huit
balistes au siége de l'Ecluse, en 1587; mais ce fait est inexact.
Les historiens des Pays-Bas, et entr'autres Emmanuel de Mete-
ren, l'un des plus anciens, disent tous que la ville fut battue,
pendant un mois, par trente pièces de canon et huit coule-
vrines: ils ne parlent pas de balistes. Les chroniqueurs et les
anciens historiens, continuant d'appeler *engins* les pièces d'artillerie qui au commencement jetaient des pierres, comme les
balistes et les catapultes, il est facile de se tromper si l'on n'y
fait attention, et de prendre les nouvelles machines pour les
anciennes.

Nature de la Force mouvante.

[28] La force mouvante des scorpions, balistes et catapultes, était tirée de la torsion des cables de nerfs ; et en cela ces machines différaient essentiellement des armes de jet, dont la force est dans l'élasticité d'un arc plus ou moins flexible. Les auteurs grecs et latins sont si explicites et si clairs, ils donnent tant de détails sur ce sujet, que l'on ne conçoit pas comment Perrault, qui a commenté Vitruve, a pu méconnaître le principe de cette force au point de tomber dans les suppositions les plus singulières pour expliquer ce qu'il n'entendait pas. Pensant éclaircir le texte du livre X, où le célèbre architecte romain traite des machines de guerre, il l'a singulièrement obscurci et embrouillé. Le chevalier Folard, qui a repris ce travail en sous-œuvre, a montré dans quelles grossières erreurs Perrault était tombé, et a judicieusement rétabli les faits. Il fallait que Perrault n'eût rien lu : car, sans remonter bien haut, il aurait pu voir, en consultant le *poliorceticon* de Juste Lipse, que les bras des machines à traits agissaient, non par leur force élastique, mais par celle des cables tordus dans lesquels ils étaient engagés ; si seulement il eût fait attention à la figure d'une baliste trouvée par Juste Lipse lui-même dans l'arsenal de Bruxelles, il y eût trouvé cette note qui l'eût mis sur la voie : *In ea balista bracciola seorsim, non continuo ligno, intenta et retrorsum flexa suis nervis, quod valde in tota hac re notandum. Nulla enim curvatio in ligno, sed vis omnis in nervorum renisu.* « Les bras de cette baliste, formés de deux « pièces séparées, sont bandés et tirés en arrière par les cordes;

4

« et il faut bien remarquer qu'ils n'éprouvent aucune flexion,
« et que toute leur force gît dans la torsion des nerfs.

[29] Mais Philon, dans son livre intitulé *dé Constructione*
telorum, Héron, dans son *Belopœca* , Vitruve lui-même, non-
seulement disent, très-expressément, que la force mouvante des
machines gît dans l'élasticité et la torsion des cables qu'ils appellent *tons* (τόνον); mais ils expliquent encore, très-clairement,
comment on s'y prenait et de quels appareils on se servait pour
la confection de ces cables. En sorte que, sur ce point fondamen-
tal , il ne peut y avoir aucune espèce de doute.

[30] Les cables, dont la grosseur pouvait aller jusqu'à trois
pieds et plus , étaient faites de cordes de nerfs, de crins et même
de cheveux; ceux faits avec des cordes ordinaires, n'auraient pas
pu résister à la violence de l'effort. « Il faut, » dit Végèce,
« avoir une attention particulière à se fournir de cordes de
« nerfs : les onagres, les balistes et les autres machines, ne ser-
« vent de rien si elles ne sont pas bandées avec des cordes de
« cette espèce. On assure cependant que le crin des chevaux est
« bon; et il est hors de doute, par l'expérience que les Romains
« en ont faite dans un cas pressant, que les cheveux des femmes
« n'ont pas moins de force. Au siége du Capitole, les machines
« étant démontées, tant elles avaient servi, et les cordes de
« nerfs manquant absolument, les dames donnèrent leurs che-
« veux pour y pourvoir. » (Végèce, liv. IV, ch. I, trad. anon.)
César rapporte un trait semblable des habitants de Salone
qui, réduits aux dernières extrémités, se servirent des cheveux
de leurs femmes pour les machines de jet: *et præfectis omnium*
mulierum crinibus tormenta effecerunt.

[31] Philon, pour ajouter à la force du cable, propose d'employer des ressorts d'airain composés de plusieurs lames, et que, d'après la description qu'il en fait, on peut assimiler à des ressorts de voitures. Ces ressorts, courbés du côté du bras de la machine, sont forcés de se redresser quand le bandage s'opère; à la détente, ils réagissent sur le bras en reprenant leur forme. On conçoit que ce bras traversant le *tonon,* une de ses extrémités se porte en avant quand l'autre est tirée en arrière; c'est sur la première que se fait la pression des ressorts. Nous donnerons plus loin les détails de cette invention, que son auteur a appliquée à une machine qu'il a appelée *chalcotonum* (χαλκότονον ὄργανον), machine à tension d'airain, et qu'il dit très-supérieure aux machines ordinaires, non-seulement pour l'effet, mais aussi pour la conservation.

[32] Philon dit encore qu'un mécanicien grec avait eu l'idée d'employer la force élastique de l'air comprimé pour chasser des projectiles. Mais il paraît que ces moyens nouveaux offraient des inconvénients dans la pratique, puisqu'on les a abandonnés et qu'on s'en est tenu à la simple torsion des cables. Ce moyen a été sanctionné par l'expérience d'un grand nombre de siècles: il est donc évident que c'était le meilleur. Il y avait cependant, au quatrième siècle, de petites balistes [1] construites sur un autre principe. Ammien-Marcellin, dans le livre XXIII ch. IV de son Histoire, fait de cette machine une description il est vrai bien obscure, trop obscure pour être citée, mais où l'on reconnaît cependant les traits principaux d'une arbalète à arc d'acier, pareille à celles qu'on employait au moyen âge, sous le nom *d'arbalestres de passe,* ou *d'arbalestres à tour.*

[1] Scorpions.

Moyens de bandage.

[33] Puisque les anciennes machines étaient assez fortes
pour lancer des poutres ferrées en guise de traits et des masses
pesant plusieurs quintaux, il fallait, pour les bander, des appareils plus ou moins puissants, et proportionnés à l'importance
de la machine. Ces appareils s'adaptaient à la machine elle-même, ou étaient établis en retraite. Un passage de Philon prouve qu'on employait ce dernier moyen pour les fortes balistes :
après avoir indiqué la grandeur d'une telle machine, et l'espace
qu'elle occupe sur un rempart d'une largeur déterminée, il dit
qu'il ne reste pas assez de place en arrière pour virer au cabestan. Il se sert même de cette donnée pour calculer la largeur
qu'on peut donner à un rempart extérieur, ou couvre-face, sans
courir le risque de fournir à l'ennemi une place commode pour
l'établissement de ses batteries.

[34] Le plus simple et le plus prompt des moyens de bandage, mais aussi le moins puissant, était le treuil ou moulinet.
Il était adapté à la machine. On y ajoutait, quand cela était
nécessaire, un système de moufles qui, en augmentant la puissance, prolongeait la durée de la manœuvre. Une roue à tympan, un cabestan, les combinaisons diverses de tous les élé-
ments simples de la mécanique, étaient employés au même effet.
Ces sortes d'appareils ne pouvaient être établis que sur le sol,
en arrière de la machine. On ne faisait usage des roues dentées
et des pignons que dans les machines les plus perfectionnées et
les plus mobiles.

Art. 8.

Forme des Machines.

[35] En rapprochant ce qu'ont écrit sur ce sujet Philon, Héron et Vitruve, on peut non-seulement se faire une idée assez exacte de la forme des scorpions et des balistes, mais encore assigner les proportions des parties principales de ces machines. Héron en parle en savant qui analyse les choses, et cherche à s'en rendre compte. Philon, en architecte consommé qui s'attache surtout à faire connaître ce que l'expérience a consacré, donne les moyens d'exécution, et indique les écueils à éviter dans la pratique. On n'a rien de complet si l'on ne réunit pas les ouvrages de ces deux auteurs. [1] Vitruve a copié Philon, et l'a suppléé dans quelques parties. Malgré cela, il reste toujours de l'incertitude sur certains détails de ces machines, parce que les textes ont été altérés, et notamment en ce qui concerne les lettres numérales, de telle sorte qu'il n'y a aucun accord dans les grandeurs assignées à certaines pièces par ces différents auteurs; que même il est fort difficile, sinon impossible, de comprendre certains passages qui ont donné lieu à bien des commentaires. Les auteurs modernes qui ont le mieux compris les anciens, sont Maizeroy et Sim. Stratico. Le premier, dans son *Traité sur l'art des siéges et les machines des anciens;* le second, dans ses notes savantes sur Vitruve, ont donné d'assez bonnes descriptions du scorpion et de la baliste. Mais ni l'un ni l'autre n'ont éclairci ce

---

[1] Ces deux ouvrages sont contenus dans la belle édition des auteurs grecs, intitulée *Opera veterum mathematicorum*, Paris, 1693. Il y a un autre mécanicien, portant le nom de Héron, qui a écrit sur le même sujet. Son ouvrage, traduit en latin par Barocius, a été publié à Venise en 1572.

qui a rapport à la machine monancone, appelée d'abord catapulte, et ensuite onagre. Je voudrais combler cette lacune, et
compléter ce que les deux auteurs, que je viens de nommer, ont
dit des autres machines de jet. Je commencerai par le scorpion,
en suivant la marche analytique de Héron d'Alexandrie.

Art. 9.

Du Scorpion.

[36] La machine oxybèle, ou *scorpion*, était composée d'une
crosse sur laquelle glissait la pièce qui portait la détente et le
trait, d'un chassis où se trouvaient les cables et les bras, et d'un
support ou affût. C'étaient les trois parties principales; elles se
démontaient et pouvaient être transportées séparément.

[37] La crosse, appelée *syrinx* par les Grecs, n'était autre chose qu'une pièce droite AB (figure 1re) de longueur et de
grosseur proportionnées à la force de la machine. Cette pièce
était équarrie et portait une coulisse à queue d'aigle sur sa face
supérieure. Un plateau CD, muni en dessous d'un tenon, s'engageait dans la coulisse et glissait sur le syrinx. Ce plateau, appelé *diostra*, portait, à sa partie postérieure, une noix à détente mn, pour saisir la corde de l'arc et la lâcher à volonté;
à ses côtés, des pieds de biche rs qui, tombant dans les dents
d'une crémaillère uv, fixée sur les côtés du syrinx, formaient
un encliquetage, *cataclida*, qui permettait de bander l'arc plus
ou moins, suivant le besoin. Tout l'appareil de la détente s'ap-

pelait *chélon* (tortue), le double crochet de la noix, qui saisissait la corde *chira* (griffe), et le levier de la détente *schasteria*.

[38] Le chélon portait, en outre, à l'arrière un anneau ou un crochet, où s'attachait la corde au moyen de laquelle s'opérait le bandage. La diostra avait, à sa partie supérieure, une rainure ou petit canal demi-cylindrique où se posait le trait, et qu'on appelait *epitoxis*.

[39] A l'extrémité de la crosse était fixé un petit treuil EF qui, soit directement, soit par l'intermédiaire d'une poulie, tirait en arrière le chélon et la diostra. L'autre extrémité de la crosse était solidement assemblée avec le chapiteau dont nous allons parler.

[40] Le chapiteau, *capitulum*, *plinthium*, était composé de deux traverses parallèles AB, CD (fig. 2e), et de quatre montants assemblés à angles droits. Les montants extérieurs, que l'on nommait *parastates*, étaient échancrés pour recevoir les bras quand la machine était détendue; les *mésostates*, ou montants internes, laissaient entre eux l'intervalle nécessaire pour y fixer le syrinx.

[41] Les traverses AB, CD étaient droites, d'une seule pièce, et s'appelaient *péritrètes*, ou *scutulae*.
Le chassis formé par une parastate et la mésostate correspondante, assemblées par les péritrètes, était traversé par le cable ou *tonon mn*, non pas précisément dans le milieu, mais plus près de la mésostate, par la raison que cette dernière, n'ayant pas d'entaille, était plus forte. Le rectangle en charpente, tra-

versé par le tonon, s'appelait *hémitonium*; en sorte que le chapiteau se composait de deux *hemitonia* formant un tout.

[42] Les bras, ou *ancons*, XY, X′Y′, étaient d'acier, courts,
forts, sans flexion sensible; une corde tendue ZV en réunissait
les extrémités et les empêchait de frapper contre les parastates
dont l'échancrure était, néanmoins, garnie de peau pour amortir le choc, dans le cas où la corde venant à se rompre ou à se
détendre, les bras heurteraient le montant. Cette circonstance
d'une corde tendue, à la manière d'un arc ordinaire, a fait
donner par Héron le nom générique d'*euthytones* à toutes les
machines de ce genre, ce qui signifie *à tension droite*. La construction se simplifiant beaucoup par ce dispositif, on a dû l'a-
dopter pour les machines qui n'exigent pas le dernier degré de
force; telles sont les oxybèles, ou scorpions.

[43] Les cables étaient composés de plusieurs brins de cordes de nerfs qu'on faisait passer, en leur donnant un égal degré
de tension, sur des barres de fer courtes et assez fortes, pour
résister à une grande pression. Ces barres s'appelaient *épizyges*. Elles posaient sur des anneaux métalliques fixés au bord
des trous des péritrètes; en sorte qu'elles ne pénétraient pas dans
le bois, et qu'on pouvait les faire tourner pour tordre le cable,
quand une fois le bras était placé dans son milieu.

[44] Le syrinx, avons-nous dit, s'engageait entre les mésostates, et il y était maintenu par des boulons qui traversaient
ces deux pièces. C'est probablement pour donner à l'assemblage
une plus grande solidité, que l'on faisait les mésostates notablement plus larges que les parastates, et que les péritrètes, au
lieu d'être droits, ont été renflés dans le milieu, comme le mon-

tre le plan de la figure 2ᵉ. Le nom de péritrètes, donné aux traverses, vient de là; il signifie *taillé autour*.

[45] Il est indispensable que la machine soit placée sur un support qui permette de lui donner la direction et le degré d'inclinaison nécessaires pour atteindre le but. Philon, Héron et Vitruve, s'accordent à faire ce support en forme de trépied, et les bas-reliefs de la colonne trajane le montrent tel en plus d'un endroit. Il était composé d'une colonne AB (figure 3ᵉ) posant sur une base CBD, et d'une hauteur telle que le pointage fût commode. Trois contre-fiches, *capreoli*, lient les traverses de la base avec le haut de la colonne. Celle-ci se termine par une portion cylindrique *mn*, servant d'axe autour duquel tourne une espèce de caisse carrée EFGH, traversée dans un autre sens par l'axe du syrinx. Cette caisse, appelée *chalchesium*, est composée de deux plateaux verticaux EF, GH et de deux horizontaux IK, FH percés dans le milieu pour le passage de l'axe *mn*. L'axe horizontal EG est fixé au syrinx PQ, et repose dans des encastrements pratiqués sur le bord supérieur des plateaux montants, qu'on pourrait appeler les flasques du chalchesium. Le scorpion, ainsi monté, avait son mouvement horizontal autour de *mn*, et son mouvement vertical autour de EG.

[46] Pour donner plus de solidité au pied, on adaptait, à la partie postérieure du chalchesium, un arc-boutant à charnière, comme on le voit dans la figure 4ᵉ, qui donne la perspective de la machine complète. Cet arc-boutant, ou *anteridium* KS, venait s'appuyer sur le sol par son pied armé de fer. Enfin, une dernière pièce LT, appelée *anapausteria*, était articulée sur l'anteridium; elle soutenait la partie postérieure du

5

syrinx ; et, suivant qu'on en plaçait l'extrémité plus en avant
ou plus en arrière, le syrinx changeait d'inclinaison. Une crémaillère devait être pratiquée sous la crosse pour recevoir le
bout de l'anapausteria.

[47] La machine euthytone, telle qu'elle vient d'être décrite,
n'est pas mobile; il a donc fallu, pour s'en servir sur les champs
de bataille, changer la construction du support. Cette modifica-
tion a dû se faire de différentes manières, suivant les temps et
suivant les peuples. On voit sur la colonne trajane deux machines
de jet traînées par des mulets; elles semblent n'être autre chose
que le scorpion posé sur une petite voiture à deux roues. Y res-
tait-il pour le combat? on peut le croire, parce que, dans l'une
de ces figures, on voit deux soldats en action qui semblent pointer la machine. Végèce, en parlant des machines que les armées
traînaient à leur suite, ne s'explique pas à ce sujet. Une figure,
d'ailleurs peu intelligible, qui se trouve dans la *Notitia Imperii*,
semble indiquer que l'appareil moteur était entièrement caché
dans une caisse portée sur un charriot à quatre roues. On ne
voit en dehors que la diostra et les leviers du treuil. Cette disposition avait pour objet de mettre les cables à l'abri de la pluie,
leur plus dangereux ennemi. Mais comment les cables agis-
saient-ils sur le trait placé en dehors; c'est ce qu'il est impossible
de comprendre à l'inspection de la figure, le texte n'en donnant
d'ailleurs aucune explication. Cette machine était pourvue d'une
vis de pointage; l'auteur anonyme s'explique ainsi à ce sujet :
*Balistam tamen ipsam ad dirigenda, seu altius seu humilius
tela, cochleæ machina, prout vocet utilitas nunc erigit, nunc
deponit.* « Et pour diriger les traits, ou plus haut ou plus bas,
« une vis élève ou déprime la baliste, selon le besoin. »

[48] Ne trouvant rien de précis dans les anciens auteurs, sur le support des balistes de campagne, il est facile d'y suppléer et de se faire une idée de ce qu'il pouvait être. Prolongeons les flasques du chalchesium jusqu'à toucher terre, et l'axe transversal du syrinx de manière à servir d'essieu à deux roues; plaçons enfin, à la partie postérieure du chalchesium, une vis de pointage, pour supporter le syrinx, et nous aurons un support mobile, offrant une grande analogie avec les affûts de nos pièces de campagne.

[49] Si nous consultons les auteurs anciens sur la dimension des machines oxybèles, nous les trouverons d'accord sur quelques points, et très-divergents sur le plus grand nombre. Mais cela importe peu; car c'est surtout le principe et la disposition générale de ces machines que nous désirions connaître; et il ne nous manque rien à cet égard. Quant aux détails, il est très-probable qu'ils variaient beaucoup, non-seulement d'un pays à l'autre, mais même d'une machine à l'autre, suivant l'idée des constructeurs. Nous laisserons donc cela, et nous dirons seulement, que toutes les dimensions étaient exprimées au moyen du diamètre des cables, ou plutôt de celui des trous dans lesquels ils étaient engagés. Ainsi, d'après Philon, les bras de l'oxybèle avaient 7 diamètres de longueur; le syrinx en avait 16, les parastates 3 $^1/_2$ etc. Ce module se déduisait de la longueur du trait, et, à cet égard, les auteurs sont d'accord: ils le font égal à la neuvième partie de cette longueur.

Art. 10.

De la Baliste.

[50] La baliste, dans son ensemble, avait de la ressemblance avec le scorpion, d'où il est arrivé qu'on a souvent pris l'une de ces machines pour l'autre, ou plutôt qu'on a donné à la petite le nom de la grande, en conservant celui de scorpion pour les manubalistes, ou grosses arbalètes ordinaires. Il y avait cependant entre la baliste et le scorpion., et indépendamment de la grandeur, des différences essentielles que nous allons faire connaître.

[51] Et d'abord, la distance entre les deux hemitonia était, proportion gardée, beaucoup plus grande, afin de laisser le passage à des projectiles volumineux, et surtout pour diminuer l'obliquité du tirage sur les bras dans le bandage de la machine. Le syrinx, qui eût été trop massif d'une seule pièce, était remplacé par une charpente à la fois solide et légère, composée de deux pièces longitudinales, réunies par des traverses qui lui donnaient l'apparence d'une échelle, ce qui lui a valu le nom de *climax*, ou de *scala*. Les bras étaient plus forts et plus courts, d'où résultait la nécessité de donner aux péritrètes de l'hemitonium une coupe biaise; sans cela, les bras n'auraient pas eu assez de développement. Le chapiteau, au lieu d'être droit, présentait donc deux ailes obliques en avant. Enfin, la corde de l'arc, ronde dans le scorpion, était en ruban dans la baliste, pour mieux saisir les corps qu'elle devait pousser. Telles sont les principales différences entre les genres de machines que les Grecs classaient dans les deux grandes catégo-

ries des *euthytones* et des *palintones*. Nous avons vu déjà que
le nom d'euthytone a été donné aux machines dont les bras
sont réunis par une corde tendue; celui de palintone, qui signifie *à tension renversée*, convient à celles dont les ailes se
portent en avant et forment comme un arc renversé. C'est ainsi
qu'Homère, en parlant des arcs qui se bandaient en sens inverse de leur courbure, dit παλίντονα τόξα, *reflexos arcus*. Les
scorpions sont donc du genre euthytone et les balistes du genre
palintone.

[52] Chaque hemitonium se construisait à part; il était proportionnellement plus étroit et plus haut que dans l'oxybèle,
parce que la tension étant beaucoup plus forte, il fallait, pour
que les péritrètes y résistassent, en diminuer la longueur en
rapprochant les montants; et, d'un autre côté, les cables étant
très-gros, il fallait leur donner plus de longueur pour qu'ils
pussent supporter la torsion sans s'altérer.

[53] La parastate était échancrée pour donner liberté au
bras, qui cependant ne la touchait pas; et la mésostate, ou
plutôt *l'antistate*, car c'est ainsi que se nommait le montant
interne dans la baliste, portait en dedans une espèce de tenon,
ou renflement, contre lequel le talon du bras venait heurter.
De cette manière la corde n'avait point à souffrir de la violence
du déclic, et le choc se faisait contre celui des deux montants
qui, par sa position plus rapprochée du centre, était le plus capable d'y résister; de plus, on gagnait ce que l'élasticité des
bras, quelle qu'elle fût, pouvait ajouter à la détente des cables.

[54] L'antistate avait en élévation la forme indiquée par la
figure 5e; elle devait être d'excellent bois, taillé selon le fil;

et son renflement était garni pour amortir le choc. Ce renflement s'appelait *hypopternis*, ou *subcalcaneum*, parce qu'il re-
cevait le talon ou extrémité interne du bras.

[55] Voici le tracé de Héron pour les péritrètes: dans un
rectangle ABCD (fig. 6ᵉ), d'une longueur égale à la largeur
de l'hémitonium et d'une hauteur moitié, menez la diagonale
CB, et par le point A une parallèle AE à la diagonale; prolon-
gez BD jusqu'en E; tracez à volonté la courbe EmB pour ar-
rondir l'extrémité; faites enfin l'autre extrémité en rectangle
AA'CC', et vous aurez la forme du péritrète de droite; celui
de gauche est symétrique. L'extrémité intérieure se taille rec-
tangulairement pour donner un assemblage solide avec les traverses du chapiteau. Le trou se perce au milieu de la ligne AB,
c'est-à-dire au centre du parallélogramme ACBE. On se rappelle que, dans les machines euthytones, l'hemitonium étant
proportionnellement plus large, le trou est plus près de la mésostate que de la parastate.

[56] Deux hemitonia symétriques s'assemblaient, à la distance voulue, au moyen de deux traverses avec lesquelles ils
étaient boulonnés; on voit en *a, b, c, d* les trous pour le passage de ces boulons. Le chapiteau avait alors, dans son ensemble, la forme indiquée par la figure 7ᵉ, qui le représente
en plan et en élévation, et qui montre en coupe, dans la partie *rs*, ce qu'on appelait la table *mensa, trapeza;* c'était un
chassis adapté dans l'intervalle des hemitonia et recouvert de
planches, à l'arrasement de ses bords. Cette pièce, dont la
description est fort obscure dans les auteurs, avait pour objet
d'empêcher le déversement des hemitonia en appuyant les
montants, de donner une meilleure assiette au climax qui po-

sait dessus et de l'élever à la hauteur convenable pour que le
centre de gravité des projectiles se trouvât, à peu près, dans la
ligne YY'. On conçoit que cette condition était nécessaire pour
employer la force le plus utilement possible. La *table* était
composée de deux pièces de bord *r*, *s*, posées sur la partie rec-
tangulaire des péritrètes inférieurs, contre les antistates, et de
quelques longrines parallèles assemblées dans deux traversines
extrêmes, et sur lesquelles posaient les planches qui, par leurs
extrémités, étaient clouées dans des battues pratiquées aux
pièces de bord. La table était boulonnée avec les péritrètes inférieurs et la traverse inférieure GH du chapiteau, de manière
à ne faire qu'un tout. Elle dépassait notablement le chapiteau
en avant et en arrière.

[57] Le climax, dont la largeur ne pouvait pas être la
même que celle de la table sans donner à la diostra des dimensions exagérées, se posait sur le milieu de la table, de manière à ce que ses côtés correspondissent à deux longrines de
la table avec lesquelles on les liait solidement. Il débordait un
peu la table en avant. Voyez la figure 9e qui donne la perspective de la baliste à moitié armée, et abstraction faite de l'appareil de bandage. Deux pièces longitudinales, de même longueur que les côtés du climax et taillées à queue d'aigle inté-
rieurement pour former la coulisse de la diostra, étaient solidement fixées sur les côtés de l'échelle et en formaient les ailes,
climacis alæ. Par cette disposition, le climax avait autant de
légèreté qu'il était possible de lui en donner, tout en conservant une force suffisante. On ne pouvait pas penser à le faire
d'une seule pièce, comme le syrinx du scorpion, parce qu'il
aurait été beaucoup trop lourd. C'est ainsi que se justifient

toutes ces modifications qui, au premier coup d'œil, peuvent
paraître singulières.

[58] Le chélon était adapté à l'arrière de la diostra, mais il
était plus élevé, de manière que le doigt de la noix qui saisissait la corde en ruban par un anneau qui y était adapté, fût à
la hauteur du milieu de cette corde. Il portait en dessous un
fort tenon, à queue d'aigle, glissant le long des ailes du climax;
et sur les côtés, l'encliquetage nécessaire pour bander la baliste
au degré convenable, dans les différents cas. Le chélon, étant
aussi large que le climax, devait être tiré par ses deux extrémités, plutôt que par le milieu; il le fallait d'ailleurs pour doubler les cordes qui l'amenaient et les soulager d'autant.

[59] On vient de voir que les traverses, qui lient ensemble
les hemitonia pour former le chapiteau, recouvrent en partie les
péritrètes; cela empêche d'opérer la torsion, comme dans les
oxybèles, avec les simples épizyges; on les a donc remplacées
par des barrillets de bronze, *chænices*, *modioli*, qu'on peut faire
tourner, au moyen d'une clef ouverte, en les prenant par le
côté. A cet effet, le barrillet, représenté isolément par la fig. 8ᵉ,
est carré dans la partie inférieure *abcd*. Le haut est cylindrique, et, dans l'intérieur de ce cylindre *mn*, est une traverse
sur laquelle passent les cordes de nerfs qui composent le tonon.
Dessous est un rebord cylindrique *rs*, qui se loge dans le bois
pour empêcher le barrillet de se déplacer. Le barrillet est percé
d'un trou, de même diamètre que celui des péritrètes, et qui
n'en est que le prolongement quand la pièce est en place.

[60] Dans la baliste, comme dans les machines oxybèles, les
dimensions de toutes les parties étaient fixées au moyen du

diamètre des trous du chapiteau servant de module. Ainsi, d'après Philon, le climax avait 19 diamètres de longueur, les bras 6 diamètres, les montans du chapiteau 5 1/2, le tonon tout compris 9 diamètres, etc. La règle au moyen de laquelle on trouvait le diamètre des trous, règle sur laquelle Héron et Philon sont d'accord, que Vitruve répète et de laquelle ce dernier a tiré les valeurs numériques qu'il donne, est la suivante : *multipliez par 100 le poids de la pierre exprimé en mines ; extrayez la racine cubique du produit ; au nombre trouvé ajoutez son dixième, et vous aurez le nombre de doigts [1] qu'il faut donner au diamètre du trou.* Par exemple, que la pierre à lancer soit de 80 mines ; ce nombre multiplié par 100 donne 8,000 dont la racine cubique est 20. Ajoutons à ce résultat son dixième, et nous aurons 22 doigts pour le diamètre des trous.

[61] On voit ici quelle était la grandeur de ces machines, puisque la baliste de 80 mines[2], qui n'était pas, à beaucoup près, la plus forte, avait dix-neuf fois vingt-deux doigts de longueur, ce qui fait à peu près vingt-quatre pieds de France, ou huit mètres. Pour mieux faire comprendre la grandeur d'une pareille baliste, j'en ai fait le profil d'après l'échelle exacte (figure 12 *bis*) ; j'y ai placé un soldat de taille moyenne qui peut servir de terme de comparaison.

[62] Il est difficile de croire qu'une machine aussi considé-

---

[1] Le pied attique se partage en quatre palmes, chacun de quatre doigts ; en sorte que le pied est de 16 doigts ; comparé au mètre il vaut 0,30. Le pied romain avait à très peu de chose près la même longueur, et se partageait aussi en 16 doigts.

[2] Il paraît que la *mine* attique valait à très peu de chose près une livre et demie romaine, ou 16 onces poids de marc ; en sorte que cette mine est l'équivalent de notre livre, ou le demi-kilogramme.

rable fût montée sur un pied entièrement pareil à celui du scorpion; et, quoiqu'aucun des auteurs cités n'en dise rien, il est à
présumer que l'arc-boutant, ou anteridium, était remplacé par
une vis de pointage. A cet effet, une des semelles de la base devait se prolonger en arrière pour recevoir le support de cette
vis. En conséquence, le chalchesium au sommet de la colonne
pouvait être supprimé et remplacé par des coussinets fixes, sur
lesquels un essieu, adapté sous la table, aurait posé. La base
tout entière, tournant autour d'une cheville ouvrière, permettait de pointer la baliste à droite ou à gauche; des roulettes,
placées sous les semelles, facilitaient ce mouvement. Tout l'appareil reposait sur une plate-forme, dont un des gîtes portait la
cheville ouvrière.

[63] Il est encore très-probable que, pour les balistes du plus
gros calibre, la colonne de support était remplacée par deux
chevalets, posant sur des semelles à roulettes, et assez écartés
pour donner à l'appareil la stabilité nécessaire; que l'essieu,
prenant toute la largeur de la table, posait sur les têtes de ces
chevalets, dont l'écartement était maintenu par des traverses
et que des contre-fiches consolidaient extérieurement.

[64] L'appareil de bandage n'était point fixé sur la machine
elle-même, comme dans les oxybèles, mais sur le sol en arrière de la plate-forme. Cette disposition était nécessitée par la
grande hauteur où se trouvait le climax au-dessus du terrain,
et par l'insuffisance d'un simple treuil, même aidé d'une mouffle, pour opérer le bandage; il fallait un cabestan ou une roue
à tympan. Si l'on se procurait ainsi une plus grande puissance,
il fallait que le support fût maintenu contre l'action de ces ap-

pareils par des cordages tendus en sens contraire. On était donc obligé, quand on voulait diriger la machine à droite ou à gauche, de lâcher les amarres, et de les retendre, après chaque coup, en ramenant la machine dans sa direction première pour la bander. Ce grave inconvénient, joint à l'énorme volume des balistes *centenaires*, a dû en restreindre beaucoup l'usage.

Art. 11.

De la Catapulte.

[65] Nous n'aurons que des indications vagues sur la construction de la catapulte, ou machine *monancone*; car nos auteurs, qui entrent dans de si minutieux détails sur les balistes et les scorpions, ne disent absolument rien des autres. Voici les seules autorités que j'aie pu rassembler au sujet de l'onagre, que je suppose être à peu près la même machine que la catapulte du temps de César.

[66] Procope (*Guerre des Goths*, liv. I, chap. XXI), après avoir décrit très-succinctement les balistes que Bélisaire fit placer sur les murs de Rome pour sa défense, ajoute : *In murorum pinnis alias machinas statuerunt, lapidibus mittendis idoneas; fundarum eæ sunt similes et onagri appellantur.* « Ils « mirent en batterie d'autres machines propres à lancer des « pierres, lesquelles sont analogues à la fronde, et sont appelées « onagres. »

[67] Le moine Abbon, dans son poème du siége de Paris par les Normands, en 886, se sert des expressions suivantes : *conficiunt longis æque lignis geminatis, mangana quæ proprio vulgi libitu vocitantur, saxa quibus jaciunt ingentia.* «Ils assemblent deux longues pièces égales pour en faire des ma- «chines que le vulgaire appelle *manganes*, et qui lancent des «pierres énormes.» (Abbon, liv. I, vers 363).

[68] En réunissant ces deux passages, on a les parties essen- tielles de la machine. Le premier montre, en effet, que la pierre était projetée par un seul bras, comme par une fronde, et le second que ce bras était assemblé entre deux grandes poutres de longueur égale. Mais Ammien-Marcellin, dans le liv. XXIII, chap. IV de son Histoire, donne une description plus précise de l'onagre. Je la traduis aussi fidèlement que possible. (Voyez le texte latin à la fin du Mémoire) : « La forme de l'onagre est « comme suit : on taille deux poutres de chêne ou de yeuse, « en leur donnant une légère courbure, de manière à les faire « paraître cintrées ; ces poutres sont forées et assemblées entre « elles comme les pièces d'une scie. Un gros câble, qui passe « par les trous, lie les deux poutres et les empêche de s'écarter. « Dans le milieu du câble s'élève obliquement une tige de bois « dressée comme un timon de voiture, et embrassée de telle « sorte par les cordes de nerf, qu'elle puisse s'élever ou s'incli- « ner davantage. L'extrémité de cette tige est armée de crochets « de fer, desquels pend une fronde faite de cordes ou de chaînes. « On couche en avant et au pied de la tige un fort bâtis, muni « d'un coussin de paille hachée et fixé par de robustes attaches. « La machine, au droit de ce bâtis, repose sur un amas de ga- « zons ou sur un massif en briques, toute construction en pier-

« re cédant, non au poids, mais à la violence de la commotion.
« Le moment d'agir étant venu, on met une pierre ronde dans
« la fronde, et quatre hommes placés de chaque côté, agissant
« sur des barres, enroulent les cordes qui amènent le bras et
« le font baisser, jusqu'à ce que le chef de batterie, *magister*,
« qui se tient debout, fasse partir la détente d'un coup de mar-
« teau. Le bras dégagé vient heurter contre le coussin de menue
« paille, et lance le caillou avec une telle violence, qu'il fracas-
« se tout ce qu'il rencontre. »

[69] Bien que ce passage ne dise pas tout et laisse beaucoup
à désirer, le principe de la machine à tir élevé y est cependant
si clairement établi, qu'on ne comprend pas comment il a pu
naître des discussions sur ce sujet. On y trouve les deux pièces
principales, ou crosses, qui étaient assemblées à la manière
d'une scie, c'est-à-dire qu'elles étaient réunies par des entretoises et par le câble tordu qui les rapprochait l'une de l'autre,
à peu près comme on le voit dans les scies ordinaires. On y
trouve le bras dressé qui se mouvait dans un plan vertical et
lançait la pierre, le banc contre lequel il venait heurter, le tour
dont on se servait pour l'abattre, et la détente. Mais l'auteur
ne donne ni la forme des supports, ni la dimension des pièces ;
il laisse cela à la sagacité de ses lecteurs.

[70] La catapulte était plus simple que la baliste, et nous
verrons plus loin qu'à quantité égale de nerfs elle avait la même puissance ; on comprend donc qu'elle ait dû la remplacer
entièrement dans les siéges, et qu'aux armées on ne se soit plus
servi que du scorpion ; en sorte qu'au temps de Végèce il n'y
avait déjà plus que l'onagre et le grand scorpion qu'on appe-

lait baliste, parce qu'il avait deux bras comme cette machine.

[**71**] Pour suppléer à l'insuffisance des renseignements sur la catapulte, j'ai fait construire un modèle que représente la figure 10° et dont le module est de 35 millimètres, c'est-à-dire assez grand pour se rendre compte des moindres détails. J'ai tâché de satisfaire aux conditions de force et de commodité de service nécessaires à cette puissante machine. Ainsi, au lieu de la poser simplement sur un tas de gazons, comme on pourrait le faire à la rigueur, je l'ai élevée sur un pied qui permet de placer le tour au-dessous des crosses. Folard a adopté cette disposition dans la figure qu'il donne de la catapulte, page 248 du vol. II de son *Commentaire sur Polybe*. Il suppose que les barillets étaient dentés à leur circonférence, et que la torsion du câble s'opérait au moyen d'un pignon mû par un fort levier à clef. Cette idée est heureuse et il est probable qu'elle a été réalisée, bien qu'on ne la trouve nulle part. Je l'ai adoptée.

[**72**] La machine est mise sur une plate-forme; elle tourne autour d'une cheville ouvrière m, quand on la pousse à droite ou à gauche au moyen de leviers de pointage engagés sous l'extrémité des crosses, près des sabots ou petits supports V, V'.

L'abattage se fait au moyen de deux cordes qui s'enroulent sur le treuil P et passent sur des poulies fixées aux extrémités d'un joug O, qu'on met en travers du bras, près du cuilleron. Une détente à double mâchoire z, z' saisit le mentonnet E du bras, quand il est abattu; alors on lève le joug; puis, quand on veut faire jouer la machine, on pèse sur le petit levier w de la détente; les mâchoires z et z' s'écartent, le coup part, et avant que le bras *EF* ait frappé contre le banc *GH*, le projectile quitte le cuilleron et s'élance dans l'espace sous l'angle d'environ quarante-cinq degrés. Voilà pour le jeu de la machine; donnons quelques détails.

[73] Les flasques *AB,CD* ont 17 diamètres de longueur totale, 2 de hauteur, 1 1/4 d'épaisseur; elles sont diminuées par les bouts de manière à présenter extérieurement l'espèce de courbure que signale Ammien-Marcellin, et qui est justifiée par la nécessité de renforcer les poutres à l'endroit où elles sont percées et où se fait le principal effort. Le câble a 9 diamètres de longueur totale, comme le prescrit Philon. Les trous sont percés à 6 diamètres de la tête des crosses, et le bras a en tout 10 diamètres de longueur. Il serait inutile de donner les dimensions des autres pièces; et, quant à leur position, la figure 10e les fait assez connaître.

[74] La détente doit être très-forte; je l'ai faite en façon de tenaille (fig. 11), pour que le talon *abcd* du cuilleron soit pris de droite et de gauche. Les branches de la tenaille se croisent, et leurs extrémités *e*, qui tendent à s'écarter quand la pression s'exerce sur les mâchoires *am*, *bn*, sont contenues par les rebords *r* et *s* d'un arrêt *zv* faisant partie d'un ressort *xy* fixé à l'entre-toise. Lorsqu'on abaisse le ressort par son extrémité *y*, les branches de la tenaille se dégagent de l'arrêt, ses mâchoires s'écartent et lâchent le mentonnet du cuilleron.

[75] Les entretoises placées dans le milieu, près du câble, sont destinées à soutenir les crosses et à s'opposer à la flexion. Cependant cette flexion même pourrait être mise à profit pour

la conservation des câbles qui ont beaucoup à souffrir d'une trop forte tension, comme nous le verrons plus loin. Les crosses, cédant un peu au moment du plus fort bandage, les brins du câble seraient moins distendus, et par conséquent résisteraient mieux à l'effort considérable qu'ils ont à supporter. Il n'y aurait d'ailleurs rien de perdu, parce que l'élasticité des crosses rendrait à la détente ce qu'elle aurait absorbé de force dans le bandage. Mais rien ne m'autorise à croire que les anciens aient mis ainsi à profit l'élasticité des traverses dans lesquelles étaient engagés les câbles ; tout montre, au contraire, qu'ils cherchaient à les rendre capables de la plus grande résistance, soit en rapprochant leurs supports autant que le jeu de la machine le permettait, soit en donnant à ces traverses une forte épaisseur. S'ils eussent voulu se servir de la force d'élasticité des supports, ils auraient fait poser les épizyges sur de forts ressorts, et cela eût été principalement applicable aux scorpions et aux petites balistes. Le calchotonum de Philon offre bien quelque chose d'analogue, mais ses ressorts agissent d'une manière toute différente. J'ai donc dû admettre que les crosses de la catapulte, de même que les péritrètes des balistes, étaient rendues aussi rigides que possible au moyen d'appuis convenables, et c'est la disposition que j'ai adoptée dans le modèle.

Art. 12.

Bandage des Câbles et service des Machines.

[76] Le bandage des câbles et le service des machines de jet n'étaient pas aussi simples qu'ils peuvent le paraître au premier coup d'œil; ils exigeaient, au contraire, des artilleurs très-exercés. Aussi voyons-nous les Juifs, dans la défense de Jérusalem, ne savoir pas d'abord se servir des machines qu'ils avaient prises aux Romains, parce que, dit Josèphe, ils manquaient d'hommes entendus.

[77] En effet, il faut premièrement mettre la machine en état de jouer, c'est-à-dire, donner aux cordes de nerfs le degré de tension convenable, l'entretenir, le rétablir quand par l'usage ou par l'humidité il vient à changer. Il faut ensuite employer des moyens capables de ramener les bras et de maîtriser la force, moyens qui demandent de l'adresse et de l'intelligence. Le point essentiel était que tous les brins, composant le câble, eussent le même degré de tension. Pour y parvenir, on adaptait sur un châssis mobile, momentanément fixé au chapiteau, deux petits tours à égale distance des épizyges sur lesquelles les brins devaient s'entortiller. On tendait chaque brin séparément avec un des tours; on le serrait dans le trou avec des coins pour qu'il ne pût pas revenir en arrière quand on lâchait le moulinet pour passer le même brin de l'autre côté. On tendait ainsi deux brins en même temps, et l'on s'assurait de leur égal degré de tension par le ton musical qu'ils rendaient sous la main. Les derniers brins s'arrêtaient de part et d'autre par

7

une ligature ou par un coin qui les serrait dans le trou du chapiteau. [1]

[78] Quand l'écheveau était formé, on l'ouvrait dans le milieu pour y introduire le bras, puis, avec un levier qui prenait
les deux extrémités de l'épizyge ou le carré du barillet, on tor-
dait l'écheveau jusqu'au degré convenable, et c'est ici que l'expérience était nécessaire; car si la puissance du *tonon* augmente avec le degré de torsion, il y a un point qu'il ne faut pas dépasser, sous peine de détruire l'élasticité source de la force.
Aussi Philon recommande-t-il d'augmenter plutôt la tension
primitive des brins que de tordre le câble, pour arriver à la
force voulue. Il propose, à cet effet, des systèmes de coins ma-
riés qui, placés entre les épizyges et les péritrètes, et chassés à
petits coups de marteau simultanément dans des sens opposés,
fournissent le moyen de donner au câble la tension convenable.
Ces mêmes coins, étant retirés, permettent de défaire le câble
très-facilement pour graisser les nerfs. Cette opération doit se
répéter fréquemment, si l'on veut que les câbles conservent leur
souplesse et leur énergie primitives. Philon insiste beaucoup
là-dessus; il dit qu'il convient de défaire les câbles chaque jour,
et que, par le moyen qu'il propose, cela peut se faire dans une
heure. Les conseils qu'il donne à ce sujet sont d'un praticien
consommé. Il prouve bien que le côté faible des machines de
jet était précisément dans leur principe moteur, trop sensible
aux variations de l'atmosphère et trop prompt à s'altérer par
l'usage.

[1] Il n'est pas sans intérêt de lire textuellement le passage de Vitruve d'où ces
détails sont tirés. Je le mets à la suite du mémoire. C'est, à mon avis, la partie la
plus claire de tout ce qui nous est parvenu de l'artillerie des anciens; cependant
Perrault, qui s'égarait dans une fausse route, n'y a rien compris.

[79] C'est pour parer à ces inconvénients que l'ingénieur grec a imaginé et fait construire son *chalcotonum*, dont nous avons déjà dit un mot dans l'article VI, et dont nous allons donner les détails tels qu'il nous a été possible de les concevoir, d'après une description assez succincte et qui n'est pas accompagnée d'un dessin explicatif. Le tonon A (fig. 12e), ne servant presque plus que de maintien et de charnière au bras BC, n'a qu'une tension médiocre, renfermée dans les limites de son élasticité. A son état de repos, le bras appuie par son talon contre un renflement B' que l'on ménageait sur la mésostate. Mais lorsqu'il est amené par la traction de la corde attachée en C, le talon B force le ressort DE à se redresser. Ce ressort est composé de deux lames qui glissent l'une sur l'autre et qui sont reliées par un tenon *m* fixé sur la première lame et passant dans une plaie de la seconde. Celle-ci est plus courte et plus forte que l'autre. Elles sont toutes deux boulonnées au syrinx MN qui dépasse les mésostates. Le talon du bras porte un anneau *a*, lequel court le long d'une anse, ou guide circulaire IK, fixée au chapiteau pour s'opposer aux inégalités du mouvement. Il y en a autant en dessous, et les ressorts jouent entre ces deux guides.

Que ce moyen soit excellent, comme son auteur le prétend, ou qu'il ait des inconvénients qui l'aient fait rejeter, toujours est-il que les anciens artilleurs devaient le connaître pour s'en servir au besoin. « Ces machines, dit Philon, portent beaucoup « plus loin et frappent beaucoup plus fort que les autres; elles « se conservent intactes dans les combats de mer aussi bien que « dans ceux de terre; la pluie, l'humidité, si nuisibles aux ma- « chines ordinaires, ne font rien à celles-ci; et l'on sait com- « bien les appareils de guerre ont à souffrir des variations de

« l'atmosphère, malgré le soin qu'on a de les tenir dans des lo-
« caux bien couverts. »

[80] Si les câbles en fil de fer eussent été connus des anciens,
peut-être en eussent-ils fait usage pour leurs balistes et leurs
catapultes. Un tonon, construit de la sorte, eût été à l'abri des
influences de l'atmosphère. Mais le fil de fer a-t-il assez de flexi-
bilité pour cet usage ? je ne l'ai point essayé. S'il était assez flexible, on pourrait, en combinant cette propriété avec l'idée
émise à la fin de l'article précédent, c'est-à-dire en faisant porter les épizyges des câbles en fil de fer sur de forts ressorts, obtenir une machine qui n'aurait pas les inconvénients de celles
à cordes de nerfs, et qui en réunirait tous les avantages. J'en
aurais fait l'essai, si je ne m'étais pas plutôt proposé de re-
chercher et de faire connaître ce qui a été pratiqué par les anciens, que d'inventer des moyens nouveaux qui seraient sans
utilité à l'époque où nous vivons.

[81] Une autre règle que les artilleurs devaient observer
avec attention, était de donner le même degré de torsion à chaque extrémité des câbles; sans quoi il n'y aurait pas eu de ré-
gularité dans le tir. Il fallait pour cela qu'il y eût, autour des
trous des péritrètes, une division circulaire à chacun des points
de laquelle on pût arrêter, par une broche de fer, soit l'extrémité de l'épizyge, soit un bouton fixé sur le bord du barillet.
Les barillets à denture offraient un moyen fort simple d'arriver
à cet égal degré de torsion.

[82] La machine étant à son point et munie de l'appareil
de bandage convenable, suivant son degré de puissance, il fallait savoir jusqu'à quel point on devait, suivant l'état de l'at-

mosphère et suivant le poids du projectile, amener les bras
pour atteindre le but. Il fallait également connaître les effets
de la hausse.

[83] Pour la manœuvre de la catapulte les artilleurs devaient
être très-exercés dans les manœuvres de force, parce qu'ils
avaient des blocs très-lourds à soulever et une puissance considérable à gouverner. Après avoir placé le joug à la naissance
du cuilleron et passé les cordes sur ses poulies, ils faisaient l'a-
battage. Quatre, six ou huit hommes, placés de chaque côté de
la catapulte et agissant au commandement, amenaient le bras
par une manœuvre régulière ; les uns faisaient ferme avec les
leviers qu'ils engageaient dans les mortaises du treuil, les autres
dégageaient les leurs, pour agir ensuite à leur tour. Lorsque le
mentonnet du cuilleron arrivait à la hauteur voulue, il était
saisi par les mâchoires de la détente. Alors on lâchait les cordages, en faisant tourner le treuil dans l'autre sens; on dégageait les poulies et on enlevait le joug. Puis on plaçait dans le
cuilleron la pierre, ou tel autre projectile, qu'on voulait lancer
contre l'ennemi. Dans cet état, la machine était armée et prête
à jouer, et lorsqu'au moyen de la cheville ouvrière on l'avait
pointée en lui donnant la direction voulue, un coup de maillet,
ou une simple pression sur la queue du ressort, faisait partir la
détente.

[84] La catapulte devait être munie d'un outillage assez considérable, savoir : deux leviers de pointage pour agir sur les
crosses, quatre barres pour le treuil, des poulies et des cordages, enfin un pied-de-chèvre à haubans pour soulever la pierre
quand elle était trop lourde pour être portée à bras.

[85] La manœuvre de la baliste n'était pas plus simple; au contraire, puisque chaque fois qu'on l'avait armée, au moyen de l'appareil fixé sur le sol, en arrière de la plate-forme, il fallait lâcher les amarres de l'avant pour la diriger à droite ou à gauche. La chèvre à haubans était également nécessaire pour monter la pierre à la hauteur du climax et la placer sur la diostra. Il fallait aussi une corde et une poulie de renvoi sous le climax, pour ramener en avant la diostra et le chélon quand le coup était parti, ces deux pièces étant trop lourdes, dans les grandes machines, pour être poussées à la main. Mais ceci n'a trait qu'à la baliste de siége, celle de campagne devant être beaucoup plus légère et porter son appareil de bandage.

[86] Les artilleurs devaient être experts dans la construction des plates-formes, les catapultes et les grosses balistes ne pouvant pas s'en passer. Ces plates-formes n'étaient pas plus simples que les nôtres, peut-être l'étaient-elles moins, à cause du grand volume des machines. Nous n'avons aucun renseignement sur ce qui les concerne; mais on comprend qu'elles devaient présenter, entre autres choses, un gîte en avant, porteur de la cheville ouvrière et noyé dans le sol; à l'arrière, une portion circulaire sous l'extrémité des crosses, ou de la grande semelle, pour recevoir les roulettes ou autres supports mobiles. Il fallait un plancher sous le trépied, et probablement qu'il s'étendait sur la plate-forme entière, laquelle avait une pente assez prononcée de l'avant à l'arrière pour l'écoulement de l'eau et pour augmenter la portée.

[87] Enfin, les machines de guerre se plaçaient, comme les

nôtres, derrière des *épaulements* construits en terre ou en charpente. Les artilleurs devaient être experts dans tous ces genres
de constructions bien plus variées que celles dont on fait usage
aujourd'hui.

Section Seconde.

APPLICATION DU CALCUL A L'ARTILLERIE DES ANCIENS.

⸺⟨◦◦◦◦◦◦⟩⸺

Art. 1.

Formules générales.

[88] Il nous reste à appliquer le calcul aux forces qui sont mises en jeu dans les machines que nous venons de décrire. Et déjà nous avons fait connaître la règle pratique dont se servaient les ingénieurs grecs pour fixer la grosseur des câbles, tant des oxybèles que des pétroboles. Pour les premières, ils prenaient la neuvième partie de la longueur du trait, ce qui suppose une proportion à peu près constante entre la grosseur et la longueur des traits le plus ordinairement employés à la guerre. Pour les autres, ils multipliaient par 100 le poids de la pierre, exprimé en mines, extrayaient la racine cubique du produit et ajoutaient au nombre obtenu son dixième. Le résultat donnait en doigts, ou seizièmes parties du pied attique, le diamètre des trous.

[89] Pour appliquer cette règle aux machines monancones, il faut remarquer, qu'à poids égal du projectile, les câbles de celles-ci ont, comparativement aux balistes ordinaires, un effort

double à déployer. On devra donc doubler le poids du projectile avant de le centupler, puis on achèvera l'opération comme il est dit. Ainsi pour une pierre de 400 mines, le câble de la catapulte devrait avoir 47 doigts de diamètre, parce que la racine cubique de 800 × 100 est 43, et qu'en l'augmentant de son dixième on a 47, ce qui revient à peu près à trois de nos pieds de Roi.

[90] Vitruve, dans l'intention d'épargner ces calculs aux praticiens, a traduit en mesures romaines les résultats obtenus par la règle des ingénieurs grecs pour des balistes de tout calibre. Voici les nombres qu'il donne :

Pour une baliste de 2 livres, le trou a 5 doigts de diam.

10	8
20	10
40	13
80	15
120	24
160	32
200	38
250	43

Mais il y a erreur dans cette table, provenant probablement des copistes; car, en réduisant les livres romaines en mines attiques, sur le pied d'une livre et demie pour une mine, et appliquant la règle, on trouve les résultats suivants :

La baliste de 2 livres doit avoir 5 doigts.

5	8
10	10
20	13
40	15

La baliste de   80.livres doit avoir 19 doigts.

120	——————	22
160	——————	24
200	——————	26
250	——————	28

La transposition est manifeste pour les premières valeurs, les dernières sont entièrement fausses.

[91] Quoi qu'il en soit, cette petite table, qui devait être fort commode pour les constructeurs de machines, ne nous apprend rien sur la nature de la force qui les mettait en jeu. La règle de Philon ne sert pas davantage pour cet objet. Tâchons donc de traiter la question sous son point de vue théorique, et rappelons d'abord que la formule au moyen de laquelle on détermine le poids P qui, suspendu à l'extrémité d'un levier R, fait équilibre à la force de torsion d'un cylindre, que cette formule, disons-nous, est

$$P = m \cdot \frac{\theta d^2}{c R}$$

dans laquelle c est la longueur du cylindre qui est fortement engagé par une de ses extrémités, et porte à l'autre le levier auquel le poids est suspendu; le diamètre du cylindre est d, et l'angle de torsion que décrit le levier sous le poids P, mesuré en degrés sexagésimaux, est θ; m est un coefficient numérique qui varie avec la substance du cylindre et que l'expérience détermine dans chaque cas particulier. On a, par exemple, en prenant le centimètre pour unité,

Pour le fer forgé, $m = 8,567$

Pour le frêne, $m = 2,570$

Pour le chêne $m = 1,713$
Pour le sapin $m = 1,285$

Si donc les câbles n'offraient aucune circonstance particulière, il n'y aurait qu'à les soumettre à l'expérience pour connaître la valeur du coefficient qui leur correspond, et tout serait dit. Mais il est un élément essentiel dont il faut tenir compte, et qui n'entre pas dans la formule, c'est la tension des brins dont le câble est composé. On conçoit, en effet, que la force du câble devait dépendre, en grande partie, du degré auquel la tension des brins avait été primitivement portée. Athénée, pour exprimer la force d'une baliste, dit qu'elle jetait son projectile jusqu'à trois stades et demi, *lorsqu'elle avait douze mines de tension*.

[92] Nous devons donc introduire cet élément dans la formule, en multipliant le coefficient numérique m par t, nouveau facteur égal au poids qui, rapporté à l'unité superficielle, exprime la tension actuelle des brins dont le câble est composé. Cette formule devient donc

$$P = mt \cdot \frac{\theta d^4}{eR}$$

et, traduite en langage ordinaire, elle signifie que le poids soutenu à l'extrémité du levier, perpendiculairement à sa direction, est proportionnel, *directement*, à la tension actuelle des brins, à l'angle de torsion du câble et à la quatrième puissance de son diamètre; *inversement*, à la longueur du levier et à la longueur du câble.

[93] Mais la tension *actuelle* t diffère essentiellement de la tension *primitive* des brins que l'on peut toujours assigner, et

que nous représenterons par p; parce que les deux extrémités
du câble restant fixes lorsqu'on les tord, les brins qui d'abord
étaient parallèles et tendus chacun par un poids p sur l'unité
superficielle de leur section, éprouvent par la torsion qui les
écarte du parallélisme, un allongement qui équivaut à un ac-
croissement de tension. On voit donc que t est une fonction de
p; c'est cette fonction qu'il s'agit de trouver, de même que le
coefficient numérique m. L'expérience pouvait seule conduire
à leur détermination.

[94] J'ai, en conséquence, fait construire dans d'assez grandes proportions un *hemitonium* complet. Un fil de soie, passant sur une poulie très-libre, était attaché à l'extrémité du bras
et portait un plateau de balance. Le poids de ce plateau était
annulé au moyen d'un contre-poids suspendu à un autre fil attaché au talon du bras, et passant sur une seconde poulie. Une
graduation, tracée sur les barillets, permettait d'estimer les degrés de torsion qu'on donnait au câble par leur moyen. On
plaçait des poids dans la balance jusqu'à ce que le bras s'écar-
tât légèrement de la verticale. On obtenait ainsi la mesure de
la force du câble pour chaque angle de torsion. Ce câble était
en bonne ficelle de trois millimètres de grosseur, bien étirée,
et chaque brin tendu isolément par un poids constant. Les dimensions du câble et du bras, exprimées en centimètres, étaient
les suivantes :

$$d = 4,7 \qquad c = 63,4 \qquad R = 34,2$$

sur quoi il faut faire remarquer que c exprime la longueur totale du câble, mesurée extérieurement d'une épizyge à l'autre.

[95] J'ai dû faire diverses suppositions sur la nature de la fonction qui doit donner t par le moyen de p. J'ai d'abord cherché si la plus simple ne serait pas la bonne; c'est-à-dire, si la tension t, à partir de sa valeur primitive p, n'augmenterait pas proportionnellement à l'angle de torsion θ, en sorte qu'on eut

$$t = np\theta$$

n étant un coefficient numérique constant. Il ne m'a fallu qu'un petit nombre d'expériences pour me prouver que ce rapport n'existe pas. La tension augmente dans une proportion beaucoup plus rapide que les angles.

J'ai essayé ensuite si une fonction à deux termes réussirait mieux, et, prenant parmi celles-ci la plus simple,

$$t = p(\alpha\theta + \beta\theta^2)$$

je n'ai pas été plus heureux.

[96] Il serait maintenant trop long d'expliquer par quelles combinaisons je suis enfin parvenu à découvrir la véritable forme de la fonction. Qu'il me suffise de dire que c'est en traçant une courbe dont les abscisses étaient proportionnelles aux degrés de torsion et les ordonnées aux poids, que j'ai pu résoudre le problème. Cette courbe étant tracée avec beaucoup d'exactitude, j'ai cru reconnaître une logarithmique. Or, la propriété caractéristique de la logarithmique [1], c'est que les soutangentes, prises sur celui des deux axes qui devient asymptote, sont constantes. Comparant donc entre elles les soutangentes de ma courbe, je les ai trouvées presque rigoureusement égales, et j'en ai conclu que c'était réellement une logarithmique. Arrivé à ce

---

[1] Voyez la dernière figure des planches; elle donne, à une échelle plus petite que celle qui a été employée, la forme de cette courbe.

point, je n'ai pas eu beaucoup de peine à trouver l'équation de la courbe; elle est

$$y = n^{\left(\frac{\theta - 10^\circ}{10}\right)}$$

le nombre n étant égal à $1,12957$. La fonction cherchée est donc

$$t = pn^{\left(\frac{\theta - 10^\circ}{10}\right)}$$

[97] Cette forme trouvée, la détermination du coefficient numérique m de la formule primitive, n'a plus exigé que quelques expériences. Elles ont été faites avec autant de soin que possible, et la moyenne des différentes valeurs obtenues a été $m = 0,08$. Mais, auparavant, il a fallu rendre la formule applicable à des câbles de toute longueur et de toute grosseur, en y introduisant la condition que, pour deux cables différents, la force est en raison directe du diamètre et en raison inverse de la longueur, supposition qui ne doit pas s'écarter beaucoup de la vérité.

Ayant égard à toutes ces circonstances, on a finalement les deux formules générales suivantes :

$$\mathbf{P} = 0,08 \cdot t \frac{\theta d^1}{c^1 R} \qquad\qquad \mathbf{(1)}$$

$$t = pn^{\left(\frac{\theta - 10^\circ}{10}\right)} \qquad\qquad \mathbf{(2)}$$

qui, réunies, serviront à résoudre tous les problèmes de la balistique.

[98] Mais avant que d'en donner quelques exemples, je vais montrer, dans des tableaux comparatifs, jusqu'à quel point les valeurs de P données par la formule, se rapprochent de celles que l'expérience a fournies.

VALEURS de θ	VALEURS DE P		DIFFÉRENCES.
	d'après le calcul.	d'après l'expér.	
	Pour une tension prim. $p = 5^{kil.}$		
10°	0$^{kil.}$067	0$^{kil.}$070	— 0, 003
20	0, 150	0, 180	— 0, 030
30	0, 255	0, 290	— 0, 035
40	0, 384	0, 400	— 0, 016
50	0, 542	0, 550	— 0, 008
60	0, 734	0, 710	+ 0, 024
70	0, 967	0, 920	+ 0, 047
80	1, 249	1, 150	+ 0, 099
90	1, 587	1, 500	+ 0, 087
100	1, 992	1, 860	+ 0, 132
110	2, 475	2, 390	+ 0, 085
120	3, 050	2, 920	+ 0, 130
130	3, 732	3, 570	+ 0, 162
140	4, 540	4, 400	+ 0, 140
150	5, 495	5, 450	+ 0, 045
160	6, 620	6, 600	+ 0, 020
170	7, 945	7, 750	+ 0, 195
180	9, 502	9, 450	+ 0, 052
	Pour une tension $p = 7^{kil.}$		
50	0, 758	0, 730	+ 0, 028
90	2, 222	2, 100	+ 0, 122
	Pour une tension $p = 18^{kil.}$		
37	1, 203	1, 100	+ 0, 103
46	1, 709	1, 750	— 0, 041
	Pour une tension $p = 20^{kil.}$		
10	0, 268	0, 280	— 0, 012
20	0, 600	0, 650	— 0, 050
30	1, 020	1, 100	— 0, 080
40	1, 536	1, 650	— 0, 114
50	2, 168	2, 300	— 0, 132
60	2, 936	2, 980	— 0, 044
70	3, 868	3, 750	+ 0, 118
80	4, 996	4, 880	+ 0, 116

On ne peut pas demander une plus grande concordance dans un objet de cette nature. La formule paraît donc suffisamment justifiée pour des câbles de la dimension de celui qui a servi aux expériences; mais je ne la donne que comme *probable* pour d'autres câbles, sentant fort bien qu'il aurait fallu des expériences plus variées et plus étendues pour la généraliser.

Art. 2.

Application à la Baliste.

[99] Servons-nous néanmoins de cette formule pour calculer les effets des machines ; les résultats auxquels nous parviendrons nous feront voir le degré de confiance qu'elle mérite. Commençons par la baliste, et d'abord simplifions la formule en y introduisant la condition que la longueur des câbles et celle des bras contiennent toujours le même nombre de diamètres, quels que soient le calibre et la grandeur des machines. Or nous avons vu que Philon assigne 9 diamètres à la longueur du câble, les épizyges comprises, et 6 diamètres au bras. Il y avait 10 diamètres entre les câbles, de centre à centre.

Faisant donc $C = 9\,d$ et $R = 6\,d$, notre formule appliquée à la baliste devient

$$P = \frac{0,08}{486} t \theta d^2 \qquad (3)$$

et l'on a toujours, p étant la tension primitive sur le centimètre carré,

$$t = pn^{\left(\frac{\theta - 10}{10}\right)}$$

[100] Pour faciliter la mise en nombres, j'ai d'abord cal-
culé la table suivante[1] qui donne, de dix en dix degrés, les valeurs de

$$y = n^{\left(\frac{\theta - 10}{10}\right)}$$

θ	y	Log. y	θ	y	Log. y
10°	1,000	0,000000	100°	2,994	0,476201
20	1,130	0,052911	110	3,382	0,529112
30	1,276	0,105822	120	3,820	0,582023
40	1,441	0,158734	130	4,315	0,634934
50	1,628	0,211645	140	4,874	0,687846
60	1,838	0,264556	150	5,505	0,740757
70	2,077	0,317467	160	6,218	0,793668
80	2,346	0,370378	170	7,024	0,846579
90	2,650	0,423290	180	7,934	0,899490

Les valeurs de y ou de logarithme de y, intermédiaires entre
celles qui figurent dans la table, seront données par les différences proportionnelles, exactement pour les logarithmes,
approximativement pour les nombres.

[101] Voyons donc comment nous appliquerons nos formules au calcul d'une baliste d'*un talent*, c'est-à-dire capable

---

[1] Pour calculer cette table il faut se rappeler que $n = 1,12957$ et log. $n = 0,0529112$
en sorte qu'en faisant $y = n^{\left(\frac{\theta - 10}{10}\right)}$ on a

$$\log. y = \left(\frac{\theta - 10}{10}\right) \times 0,0529112$$

On cherche, dans les tables de logarithmes ordinaires, les nombres correspondants; ce sont ceux qui entrent dans la table.

de lancer des pierres du poids d'un talent, ou environ 30 kilogrammes. Philon nous apprend qu'une telle machine avait des câbles de 20 doigts de diamètre, qui équivalent à 37 centimètres. Ce que nous ignorons, c'est le degré de torsion et la valeur de la tension primitive. Mais quand on sait combien une trop forte torsion est nuisible, on ne la poussera pas au delà de 100 à 120 degrés. D'un autre côté, on ne peut guère admettre que la tension primitive dépassât 25 kilogrammes par centimètre carré, quand le cable était achevé ; car il y a toujours un peu de relâchement dans les premiers brins quand on arrive aux derniers, soit qu'ils glissent, soit que les supports éprouvent une légère flexion. Nous ferons donc $p = 25$, et, supposant que les bras décrivent un angle de 60° dans le bandage, et que primitivement, c'est-à-dire lorsqu'ils sont étendus, la torsion soit déjà de 60°, elle sera en maximum de 120° au dernier moment du bandage.

Au moyen de ces suppositions, qui sont loin d'être forcées, le problème perd son indétermination, et peut être résolu au moyen d'une seule équation.

[102] Ce qu'il nous faut, c'est la quantité d'action consommée dans le bandage de la machine. On y arrive en estimant, au moyen d'une figure faite à l'échelle, les diverses valeurs de la force F qui, agissant suivant l'axe de la machine, fait équilibre aux forces P perpendiculaires aux bras. On trouve qu'en représentant par ω l'angle que fait la corde de l'arc brisé avec l'axe, et par α l'angle du bras avec la ligne qui passe par les centres des câbles, on a

$$F = 2P\frac{\cos \omega}{\cos(\omega - \alpha)}$$

Soient en effet (fig. 20°) AD l'axe de la machine, C le centre de rotation du bras CB, BAB' la corde de l'arc brisé, X la tension de la corde AB, nous aurons d'abord $X = \frac{P}{\sin CBA}$

D'un autre côté, les propriétés connues du polygone funiculaire donnent $F : X = \sin 2\omega : \sin \omega$, d'où $F = 2X \frac{\sin \omega \cos \omega}{\sin \omega}$ et, substituant la valeur de X, il vient $F = 2P \frac{\cos \omega}{\sin CBA}$. Mais il est facile de voir que $CBA = 90° - (\omega - \alpha)$; on a donc $\sin CBA = \cos(\omega - \alpha)$, et finalement la valeur ci-dessus attribuée à F.

Partageons maintenant l'arc décrit par le bras en arcs partiels de dix degrés; menons des droites des différents points de division à l'axe de la machine, de telle sorte que ces droites soient toutes égales à AB, et, pour chacune d'elles, mesurons l'angle ω; nous aurons alors ce qu'il faudra pour calculer les valeurs correspondantes de F, en faisant attention que les angles de torsion effectifs sont liés avec les angles α par la relation

$$\theta = 60° + \alpha$$

On mesurera, sur le même dessin, les portions de l'axe comprises entre les positions successives de la corde; multipliant ces quantités par les valeurs correspondantes de F, et faisant la somme des produits, on aura la quantité d'action totale. Si l'on voulait une plus grande exactitude, on partagerait l'arc décrit par le bras en arcs partiels plus petits; car on suppose la force F constante entre deux positions consécutives de la corde, ce qui n'est pas exact; plus les intervalles seront petits, plus on approchera de la vérité. J'estime pourtant que, dans un calcul de la nature de celui-ci, il est suffisant de diviser l'arc en parties de dix degrés, et voici ce qu'on trouve dans le cas actuel :

Valeurs de F.	Intervalles.	Produits partiels.	
653^{lit.}	0, 55	359, 1	
894	0, 72	643, 7	
1278	0, 75	958, 5	6054, 3
1730	0, 57	986, 1	
2441	0, 57	1391, 4	
3574	0, 48	1715, 5	

[103] Quoique les calculs nécessaires pour arriver à ces résultats se simplifient beaucoup par la répétition des mêmes quantités, ils sont encore assez longs. Il est donc heureux qu'on puisse les remplacer par une seule opération, laquelle consiste à calculer par la formule (3) la valeur de P, pour l'angle $\alpha = 35°$ (un peu plus que la moitié de l'arc parcouru) ou $\theta = 95°$, et à multiplier cette valeur par 13 fois le diamètre. En effet, cette valeur de P est 1254, et en la multipliant par 4,81, nombre équivalent à treize fois le diamètre, on a pour la quantité d'action, que nous représenterons par Q

$$Q = 6031, 74,$$

quantité qui diffère bien peu de la précédente. On peut donc, dans la pratique, substituer très-avantageusement ce calcul à l'autre.

[104] La quantité d'action accumulée par le bandage étant donc trouvée, nous nous servirons du principe des forces vives pour trouver la vitesse initiale du projectile. Ainsi, en représentant par V la vitesse et par m la masse du projectile, on aura l'équation

$$mV^2 = 2Q$$

Or le projectile pèse 3o kilogrammes, on a donc $m = \frac{30}{g}$; et, comme on sait, $g = 9^m, 8o88$. Substituant les nombres et réduisant, on trouve

$$V = 62^m, 8o$$

Avec cette vitesse, la plus grande portée, sous l'angle de 45 degrés, serait de 4o2 mètres. Or l'historien Josèphe dit, liv. V, chap. XVIII de son Histoire, que les machines dont les Romains se servirent au siége de Jérusalem, portaient à deux stades et plus, c'est-à-dire à environ 4oo mètres. C'est aussi à cette distance que Titus établit ses camps pour n'avoir rien à craindre de l'artillerie de la place. Nos calculs sont donc admissibles.

[105] Si, au lieu d'une pierre de 3o kilogrammes, notre baliste lançait un boulet de 12 livres, la vitesse initiale de ce boulet serait de 14o mètres, et la portée de 2ooo, en faisant abstraction de la résistance de l'air. On peut d'après cela, et en sachant combien le volume des balistes était considérable, se faire une juste idée de la supériorité de l'artillerie moderne sur l'ancienne. La pièce de 12 liv. n'a que onze pieds de longueur et cinq et demi de largeur; la vitesse initiale de son boulet est de 45o mètres; il serait lancé dans le vide jusqu'à plus de 2oooo mètres, portée dix fois aussi grande que celle de la baliste. Cependant le choc du boulet contre une muraille ne présente pas la même différence; son moment n'est plus égal qu'à une fois et demie celui de la pierre chassée par la baliste. On conçoit donc que les anciens aient pu, malgré l'infériorité de portée de leur artillerie, s'en servir pour battre en brèche des murailles, surtout lorsqu'elles n'étaient pas terrassées.

[106] L'avantage des bouches à feu sur les machines des anciens ne gît pas seulement dans une plus grande puissance, sous un moindre volume, mais encore, et surtout, dans la promptitude et la facilité du service. On peut tirer trois coups à la minute avec la pièce de douze ; on n'en tirera qu'un seul en six ou huit minutes avec la baliste, à cause du temps nécessaire pour la bander avec le secours d'un cabestan et d'une mouffle.

[107] Les portées de notre baliste pour différents angles d'élévation[1], et avec son projectile de 30 kilogrammes, sont les suivantes :

Angles.	Portées.	Angles.	Portées.
10°	138^m	30°	348^m
15	201	35	378
20	258	40	396
25	308	45	402

La résistance de l'air ne doit pas y apporter de grandes modifications, la vitesse initiale n'étant que de 62^m, 80, et le projectile étant lourd. On voit qu'avec une élévation de vingt-cinq à trente degrés, qu'il était facile d'obtenir, on pouvait déjà atteindre les murs à une assez grande distance, ou tirer par dessus dans l'intérieur de la ville. Josèphe cite plusieurs exemples des ravages que les coups de balistes faisaient dans les rues de Jérusalem.

[108] Pour résoudre le problème inverse, qui consiste à trouver le diamètre des câbles d'une baliste capable de lancer

---

[1] On calcule ces portées par la formule $A = \dfrac{V^2}{g} \, sin \, 2\alpha$, dans laquelle A est la portée et α l'angle de projection.

des pierres d'un poids déterminé, il faut se donner la portée sous un certain angle. Supposons donc qu'il s'agisse de la baliste de deux talents, ou de 60 kilogrammes, et que cette machine doive porter son projectile à peu près à la même distance que la précédente, par exemple à 420 mètres, sous l'angle d'élévation maximum ; que les angles de torsion soient compris dans les mêmes limites, et qu'on ait encore, pour la tension primitive, $p = 25$. La première chose à faire sera de déterminer la vitesse initiale. On a pour cela l'équation

$$V^2 = g \times 420^m$$

qui donne $\quad V = 64^m,18$

Représentons ensuite par Q la quantité d'action que la machine doit déployer pour donner au projectile, dont la masse est $\frac{60}{g}$, cette vitesse, et nous aurons, par le principe des forces vives,

$$_2 Q = \frac{60}{g} V^2$$

d'où $\quad Q = 12600$

Il faut donc que la force moyenne, qui tire la corde de l'arc brisé, soit telle que, multipliée par l'espace que le point d'application parcourt le long de l'axe, elle donne pour produit 12600. Mais si nous représentons par x le diamètre cherché, nous savons que l'espace en question est $13\,x$. On a donc

$$F = \frac{12600}{13\,x}$$

ou plutôt $\quad F = \frac{1260000}{13\,x}$

parce que les mètres doivent être réduits en centimètres pour l'homogénéité.

Nous savons encore par ce qui précède que la valeur de F ci-dessus est la même que celle de P pour l'angle $\theta = 95°$. Mettant donc ces valeurs dans l'équation propre à la baliste,

$$P = \frac{0,08}{486} t \delta d^2$$

il vient

$$\frac{1260000}{15 x} = \frac{0,08}{486} . 95 . tx^2$$

Mais nous connaissons encore t qui est py, ou, d'après la petite table que nous avons donnée,

$$t = 25 \times 2,817 = 70,41$$

substituant et réduisant, l'équation devient

$$x^3 = 31230$$

qui se résout par une simple extraction de racine cubique et donne $x = 44,5$ centimètres.

La règle de Philon donne $46,9$ centimètres.

On peut donc dire que si nous ne sommes pas exactement dans la vérité, nous en sommes bien près; d'autant plus qu'en demandant une plus grande portée à la machine, on serrera davantage le résultat de Philon.

[109] Résumant ce qui précède et admettant : 1° que les machines de grandeur différente conservent les mêmes proportions relatives ; 2° que lorsqu'elles sont en bon état, la tension primitive des brins est de 25 kilogrammes par centimètre carré de la section, et que le maximum de torsion est de 120 degrés ; on arrive à cette relation excessivement simple

$$d^3 = 4 A \pi \qquad \qquad (4)$$

A étant la portée *maximum* exprimée en mètres, π le poids du projectile en kilogrammes, et d le diamètre des cables en centimètres.

[110] Au moyen de cette petite équation on résoudra avec une extrême facilité les problèmes suivants :

1° Etant donnés, le poids du projectile et le diamètre des cables, déterminer la portée maximum, c'est-à-dire la portée sous l'angle de 45 degrés

$$A = \frac{d^2}{4\pi}$$

et celle-ci étant connue, on a toutes les autres, pour différents angles d'élévation, en la multipliant par le sinus de l'angle double. Ainsi pour une élévation de 30°, on aura la portée en multipliant A par sin. 60°.

2°. Etant donnés, le diamètre du cable et la portée maximum, déterminer le poids du projectile

$$\pi = \frac{d^2}{4A}$$

3° Etant donnés, le poids du projectile et la portée, déterminer le diamètre des cables

$$x = \sqrt[3]{4 A\pi}$$

c'est-à-dire, « multipliez le poids du projectile par la portée, « quadruplez ce produit et extrayez-en la racine cubique, vous « aurez, en centimètres, le diamètre du cable. » Cette règle n'est pas moins simple que celle de Philon, et elle est plus générale, puisqu'elle ne suppose pas, comme cette dernière, que la portée soit constante.

[111] Les deux formules *donnent des résultats absolument identiques* pour la portée maximum de 440 mètres, ou environ

deux stades et quart, qui est celle indiquée par Josèphe. Ainsi se trouve justifiée, par des expériences récentes, une règle établie il y a plus de deux mille ans; et réciproquement, cette règle, basée sur une longue pratique des ingénieurs grecs, prouve l'exactitude de nos formules.

Art. 3.

Application à la Catapulte.

[112] Les anciens n'ayant pas fait connaître les proportions qu'ils assignaient aux diverses parties de la catapulte, nous sommes réduits aux conjectures et obligés de nous en tenir à de simples probabilités.

Nous supposerons donc que le bras avait 9 diamètres de longueur depuis le centre du câble jusqu'à son extrémité, ou seulement 8 jusqu'au milieu du cuilleron; que le bras était vertical à l'état de repos, ou plutôt perpendiculaire à la direction des crosses; que l'abattage lui faisait décrire un angle de 80 degrés, en sorte que la torsion primitive étant de 40°, la torsion finale serait de 120°, comme dans la baliste. Nous supposerons encore que les câbles avaient 9 diamètres de longueur et que la tension primitive des brins était aussi de 25 kilogrammes.

Nous aurons alors $p = 25$, $c = 9d$, $R = 8d$; et la formule générale du numéro (97) deviendra pour la catapulte.

$$P = \frac{8}{64800} \cdot 10 d^2 \quad (8)$$

Le point d'application de la force F étant sur le bras à 7 diamètres de distance, et l'angle que fait la corde avec le bras étant ω, on a

$$F = \frac{8}{7} \cdot \frac{P}{\sin \omega}$$

Partageant donc l'arc décrit par le bras en huit parties égales, c'est-à-dire de dix en dix degrés, calculant les valeurs de P correspondantes et, au moyen de celles-ci, les valeurs de F; multipliant ensuite ces dernières par les espaces parcourus par le point d'application, espaces que donne l'épure ainsi que les angles ω; faisant, dis-je, la somme de ces produits, on a la quantité d'action absorbée par la machine dans le bandage. Mais on trouve que cette quantité d'action est sensiblement égale à la valeur de P qui correspond à l'angle θ = 80°, multipliée par 12 fois le diamètre; en sorte qu'en continuant à représenter par Q la quantité d'action, on a

$$Q = 12\,d \times P$$

ou $$Q = \left(12 \times \frac{8}{64800} \times 80 \times 58,65\right) d^3$$

parce que, lorsque θ = 80 on a $y = 2,346$, par conséquent $t = py = 25 \times 2,346 = 58,65$.

D'un autre côté on sait que la quantité d'action, en centimètres, est

$$Q = \frac{1}{2}\pi A \times 100$$

A étant la portée *maximum* et π le poids du projectile.

Égalant donc ces deux valeurs de Q et réduisant, on a pour l'équation relative à la catapulte

$$d^3 = 7,2\,\pi A$$

[113] Plus les câbles sont forts, plus il est difficile de donner aux brins une grande tension, parce qu'ils glissent et se relâchent. Il est donc d'autant plus nécessaire de faire subir quelque correction à la formule que les câbles auxquels elle s'applique sont plus forts. On y arrive de deux manières, soit en réduisant la tension primitive p, soit en augmentant le coefficient numérique auquel nous venons d'arriver. C'est ce que nous ferons en adoptant la formule

$$d^3 = 8 \, \text{п} \, \text{A} \qquad (6)$$

Elle correspond à une tension primitive de 22,5 kil. au lieu de 25, ce qui me semble tout à fait convenable.

[114] Si nous comparons maintenant cette formule (6) à la formule analogue (4) relative à la baliste, nous verrons qu'on peut se servir de cette dernière pour les calculs relatifs à la catapulte, *en doublant préalablement le poids* п *du projectile.* C'est ce que nous avons fait au n° 89 pour appliquer la règle de Philon à la catapulte.

Prenons pour exemple de calcul la question suivante : Quelle doit être la grosseur du câble d'une catapulte qui aurait à lancer une pierre du poids de 60 kilogrammes à la distance maximum de 440 mètres ?

Nous avons ici п = 60 k. et A = 440 m.; par conséquent

$$d = \sqrt[3]{8 \cdot 60 \cdot 440}$$
$$d = 59,55$$

La même machine jetterait une pierre de 30 kilog. à 880 mètres de distance, et une de 300 kilog. à 88 mètres seulement; parce que les portées sont en raison inverse des poids des projectiles, comme le montre la valeur de A tirée de l'équation ci-dessus. Ceci toutefois n'est vrai que dans les limites de vitesse où la résistance de l'air peut être négligée.

[115] *Les volumes des câbles d'une catapulte et d'une baliste capables de lancer, à la même distance, une pierre du même poids, sont égaux.* Soient d et d' les diamètres des câbles, on aura, d'après ce qui précède,

$$d : d' = \sqrt[3]{2} : 1 \qquad \text{d'où} \quad d = d' \sqrt[3]{2}$$

Les longueurs des câbles seront respectivement

$$l = {}_9 d' \sqrt[3]{2} \qquad\qquad l' = {}_9 d'$$

Les volumes v et v' des câbles sont comme les carrés des diamètres multipliés par les longueurs, ce qui conduit au rapport

$$v : v' = 2 : 1.$$

C'est-à-dire que le câble de la catapulte est double en volume de celui de la baliste ; mais cette dernière machine a deux câbles égaux, il faut donc la même quantité de cordes de nerfs pour produire un effet donné, avec l'une ou l'autre de ces machines. Il n'y a, sous ce rapport, aucun avantage à se servir de l'une plutôt que de l'autre.

[116] Mais il est très-difficile de tirer à toute volée avec la baliste de grandes dimensions, tandis que la catapulte ne tire pas autrement. Si donc nous ne considérons que la portée, la catapulte l'emportera sur la baliste ; c'est pourquoi on l'employera de préférence dans les siéges où il s'agit de lancer le plus loin possible une pierre d'un poids donné, ou le projectile le plus lourd à une distance déterminée. La construction de la

tapulte est plus solide et plus simple que celle de la baliste; elle offre moins de prise aux coups de l'ennemi ; elle n'exige pas un emplacement plus grand. C'est peut-être pour cette raison que, sous le Bas-Empire, on ne trouve plus le lithobole grec, ou baliste proprement dite, dans les machines de guerre, mais seulement l'oxybèle ou scorpion pour tirer de grosses flèches, et l'onagre pour lancer des pierres.

Art. 4.

Application à la Machine oxybèle ou Scorpion.

[**117**] Dans le scorpion on a $c = 7,5d$ et $R = 7d$, en s'en rapportant aux mesures données par Philon. La formule générale devient, d'après cela,

$$P = \frac{8}{59575} \cdot 10d^2 \qquad (7)$$

On a toujours $t = py$: les valeurs de y sont données par la petite table du n° 100, et la tension primitive p, pouvant être plus forte dans une petite machine que dans une grande, nous la ferons égale à 30 kilog.

[**118**] Actuellement, sans passer par tous les détails énumérés dans les articles précédents, nous dirons que les bras de la machine, faisant dans l'état de repos un angle de 10 degrés avec la ligne des centres des câbles, et étant amenés de 50 degrés par le bandage, si la torsion primitive est de 70 degrés, elle sera

encore de 120 degrés au maximum du bandage, comme dans
la baliste et la catapulte ; que les centres des câbles étant à 5
diamètres de distance l'un de l'autre, on trouvera que la quantité d'action, accumulée par le bandage, est sensiblement
égale à la valeur de P correspondante à une torsion $\theta = 96°$,
multipliée par 13 fois le diamètre.

Mais pour $\theta = 96°$, on a $y = 2,86$; par conséquent
$t = 30 \times 2,86 = 85,8$, et la valeur de P donnée par la formule
(**7**), devient

$$P = \tfrac{8}{59375} \times 96 \times 85,8 \cdot d^2$$

En sorte, qu'en représentant par Q la quantité d'action, on a

$$Q = 13 \times \tfrac{8}{59375} \times 96 \times 85,8 \cdot d^3$$

Nous avons vu, d'ailleurs, que π étant le poids du projectile
et A la plus grande portée, on a, en centimètres,

$$Q = \tfrac{100}{2} \cdot \pi A$$

Egalant ces deux valeurs de Q, il vient, toute réduction faite,

$$d^3 = 2,3 \cdot A \pi \qquad (8)$$

Formule analogue à celles déjà trouvées pour la baliste et la
catapulte, et dans laquelle A est exprimé en mètres, d en centimètres et π en kilogrammes. Elle montre que, *pour un même projectile, les portées sont comme les cubes des diamètres
des câbles; et, pour des projectiles différents, en raison inverse de leurs poids;* propriétés d'ailleurs communes aux trois
genres de machines que nous avons examinées.

[149] On peut, au moyen de la formule précédente, résoudre les mêmes problèmes que pour la baliste; mais on se donne

plutôt la longueur du trait que son poids. Ainsi les anciens distinguaient leurs machines par la longueur du trait qu'elles lançaient; ils appelaient, par exemple, oxybèle *tripalme* ou *trispithame*, celle dont le dard avait trois grands palmes ou spithames de longueur; et la règle était, comme il a été dit, de donner pour diamètre aux câbles le neuvième de la longueur du trait.

[120] Il fallait donc que la grosseur du trait fût en rapport constant avec la longueur. A défaut de renseignements à ce sujet, je fixe la grosseur moyenne à la 32e partie de la longueur, parce que c'est la proportion ordinaire pour les flèches d'arbalète dont nous avons encore une grande quantité, et j'admets que le poids du fer soit, comme dans celles-ci, égal au poids du bois. Alors, désignant par l la longueur du trait exprimée en centimètres, et prenant le nombre $0^k,00055$ pour le poids du centimètre cube de bois de sapin, on a,

$$\Pi = \frac{5,44 \times 0,00055}{2048} \cdot l^5$$

et, substituant dans la formule, elle devient

$$(100\,d)^3 = 2\,A\,l^5 \qquad (9)$$

Elle montre que s'il y a toujours le même rapport entre d et l, la portée A sera constante. Si, par exemple, $d = \frac{l}{9}$, comme Philon et Vitruve le prescrivent, on aura pour les machines oxybèles de toute grandeur $A = 689^m,7$. Athénéus dit, en effet, qu'une bonne machine tripalme lançait ses traits à 3 stades et demi, ou environ 700 mètres; il ne dit pas sous quel angle, mais il faut supposer que c'est à toute volée, car c'est toujours ce qu'on entend par un jet d'arc, un jet de pierre. Et encore

11

cette portée est-elle extraordinaire, puisqu'elle était obtenue malgré la résistance de l'air, et que nous en faisons abstraction. Il est vrai que la forme du projectile le soustrait autant que possible à cette résistance.

[121] Quoi qu'il en soit, il paraît que pour les scorpions, aussi bien que pour les balistes, les anciens ne cherchaient pas à dépasser une certaine portée, laquelle était, en maximum, de 450 mètres pour les balistes, et de 700 mètres pour les scorpions; et comme il eût été assez inutile de tirer ces derniers à toute volée, que leurs coups auraient été perdus en pointant au-dessus de 20 degrés, qu'à cette inclinaison la portée se réduit à 448 mètres, on voit que *c'est à la distance de 400 à 450 mètres que les machines de tout genre commençaient à devenir dangereuses*, et que telle devait être la limite du plus grand rapprochement des camps autour d'une place défendue par de bonnes machines. L'histoire des siéges de l'antiquité confirme cette conclusion.

[122] On n'avait, sans doute, pas toujours des traits exactement proportionnés à la grosseur des câbles; on pouvait en lancer de différentes longueurs avec la même machine; les portées étaient alors en raison inverse du cube des longueurs; par exemple, un trait d'une longueur *double* d'un autre, n'allait qu'au *huitième* de la distance où celui-ci était lancé. On pouvait aussi en lancer de plus ou moins lourds, comme, par exemple, quand on voulait mettre le feu à quelque édifice, la pelote de matières combustibles qu'on attachait au trait, en changeait le poids, bien qu'on l'armât alors d'un fer plus délié.

[123] Quand le poids est donné, on se sert de la formule (8) pour calculer la portée d'après le diamètre des câbles, et réciproquement. Quand c'est la longueur du trait, on emploie la formule (9) pour les mêmes calculs. Exemples :

Un scorpion de 8 centimètres de câbles, devant lancer un trait du poids d'un demi-kilogramme, quelle sera la portée sous l'angle de 15 degrés d'élévation?

Nous chercherons d'abord la portée *maximum* par la formule (8), dans laquelle nous ferons $d = 8$ et $\pi = 0,5$; elle donnera

$$A = 445^m,20$$

et la portée A' sous l'angle de 15 degrés, sera

$$A' = A \sin 30°$$
$$A' = 222^m,60$$

Elle est précisément égale à la moitié de la portée maximum, comme on pouvait le prévoir, parce que le sinus de 30 degrés est égal à la moitié du rayon.

Quant à la vitesse du projectile, on la trouvera, dans ce cas comme dans tous les autres, par la relation

$$V^2 = A g$$
$$V^2 = 445,60 \times 9,8088$$
$$V = 66^m,10$$

Elle est *la même que si le projectile était tombé librement dans le vide d'une hauteur égale à la moitié de la portée;*

c'est la hauteur à laquelle il s'élève dans son trajet : propriété bien connue de tous les corps lancés dans le vide ; la résistance de l'air la modifie d'autant plus que le corps offre proportionnellement une plus grande surface.

[**124**] La même machine devant lancer deux traits, l'un de 60 centimètres de longueur, et l'autre de 80, quelle sera la portée totale dans l'un et l'autre cas ?

Faisant usage de la formule (9), nous aurons pour le premier trait

$$A = \frac{(100 \times 8)^2}{2 \cdot 60^3} = 1184^m$$

et pour le second

$$A = \frac{(100 \times 8)^2}{2 \cdot 80^3} = 500^m$$

Le trait dont la longueur serait dans la proportion voulue de neuf fois le diamètre, serait lancé à 690 mètres, comme on l'a vu plus haut; et ces trois portées sont en raison inverse des cubes des longueurs des traits.

[**125**] Quelle doit être la grosseur des câbles d'une machine oxybèle capable de lancer un trait de quatre palmes ou 90 centimètres à 600 mètres de distance, sous l'angle de 45 degrés ?

Nous avons par l'équation (9)..............$d = 9,6$ ou, en compte rond, 10 centimètres, le neuvième du trait. La vitesse initiale du trait serait de 82 mètres et son poids de $0^{kil.},63$; en sorte que son effet dynamique serait déjà considérable. Aussi a-t-on des exemples de plusieurs hommes traversés d'un même trait, malgré leurs armures.

[**126**] Il ne paraît pas qu'on se soit servi de scorpions plus forts que celui-ci. Cette machine ayant en tout 19 diamètres de longueur, et autant d'une extrémité d'un bras à l'autre, il ne fallait pas un espace de plus de 2 mètres en largeur et 3 mètres en profondeur pour la placer; en sorte qu'elle était fort commode à employer dans les tours, sur les vaisseaux, et partout où l'espace est resserré.

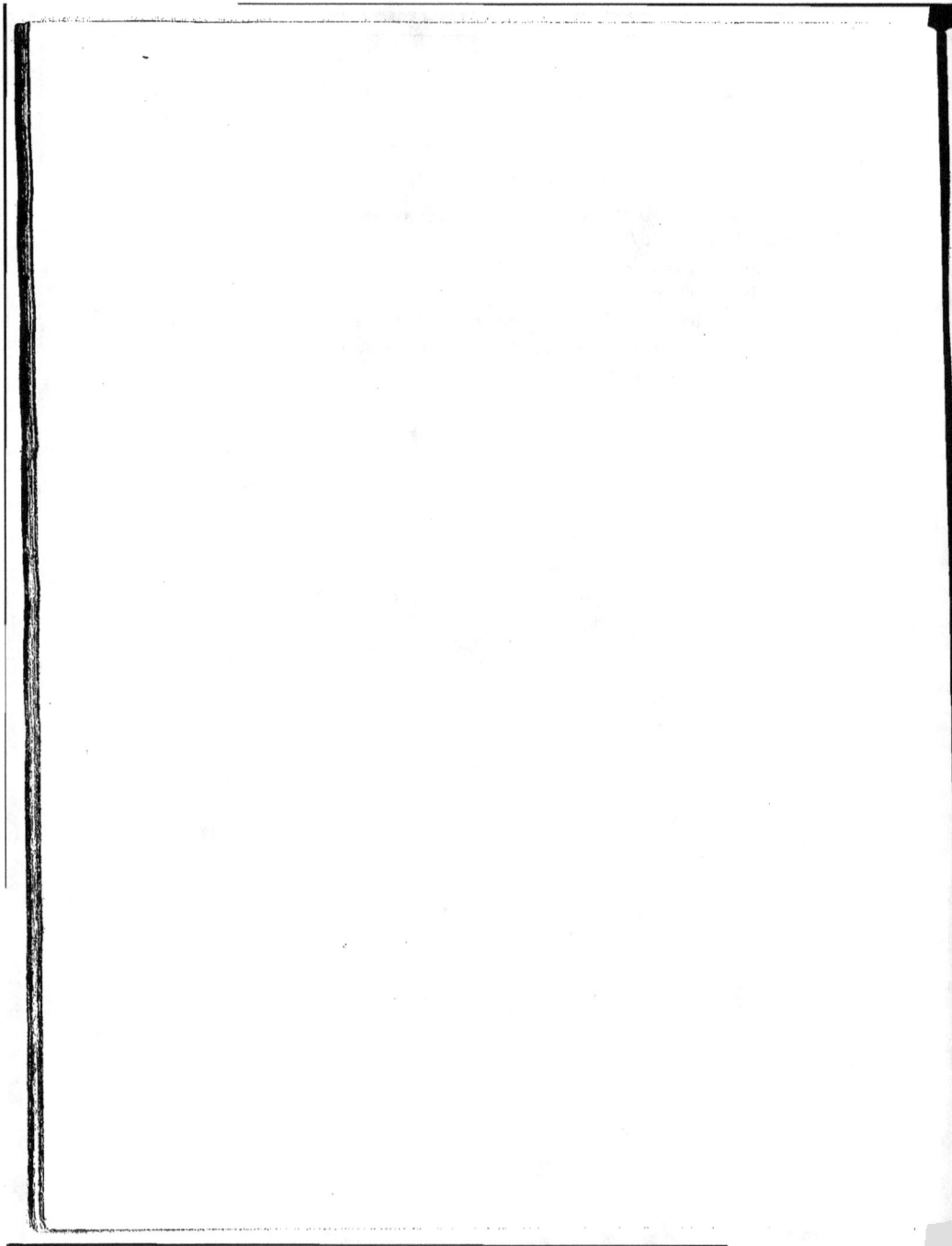

Section Troisième.

DE L'ARTILLERIE AU MOYEN AGE.

Description des Machines.

[127] J'ai déjà cité plusieurs passages des chroniqueurs et des historiens du moyen âge qui prouvent qu'à cette époque on se servait de machines au moins aussi puissantes que celles des anciens. J'ajouterai qu'au siége de Nidau, qui eut lieu en 1388, les Bernois avaient cinq machines avec lesquelles ils jetaient journellement dans la place plus de deux cents blocs de pierre pesant jusqu'à *douze quintaux*[1]. Nous ne voyons rien de pareil dans l'antiquité. Il semblerait donc qu'à l'époque où la poudre a été inventée, la construction des machines de jet avait atteint son plus haut degré de perfection. Cependant il y a quelque raison d'en douter. Et d'abord, les machines dont se servaient les Bernois, et dont l'usage était peut-être alors général, ne ressemblaient nullement à l'onagre du Bas-Empire, et encore moins à la baliste des anciens. C'étaient de

---

[1] *Statistique militaire de la Suisse*; par Leehman, et *Museum Suisse*.

simples bascules composées d'une grande poutre, tournant autour d'un axe horizontal posé sur deux colonnes suffisamment
élevées. Le levier, plus court et plus gros d'un bout que de
l'autre, était chargé au bras le plus court d'un poids considérable; on abattait l'autre au moyen d'un tour; on plaçait une
pierre dans la cuiller ou la fronde fixée à son extrémité; et,
quand on faisait partir la détente d'un coup de maillet, le
contre-poids entraînait violemment le levier, et la pierre était
lancée dans les airs.

[128] Plusieurs manuscrits de l'époque montrent cette machine dans sa simplicité; elle existe également, sous diverses
formes, dans plusieurs livres imprimés aux quinzième et seizième
siècles, tels que Valturius (*De re militari*), Juste-Lipse (*Poliorceticon*), la chronique bâloise de Wurstisen et d'autres. Le père
Daniel, dans son Histoire de la milice française, dit que les machines à lancer les pierres, usitées au moyen âge, n'étaient,
pour la plupart, qu'une *bascule* ou *trébuchet* élevé et placé entre deux poutres, au bout duquel on attachait une espèce de
fronde où était la pierre.

[129] Au nombre des manuscrits où se trouve la machine
en question, et dont j'ai connaissance, se range d'abord celui
qui a pour titre *Codex Manessi*; on y trouve, dans de belles
vignettes coloriées, la figure que nous reproduisons sous le numéro 13 ; elle est, il est vrai, sans proportions, mais elle montre très-clairement le dispositif de l'appareil. Une fronde est attachée à l'extrémité de la longue branche de la bascule ; cette
fronde, munie du projectile, traîne dans une auge qui sert en
même temps de base à la machine. Le contre-poids paraît être

une grande caisse remplie de sable. Le treuil, qui a servi à l'a-
battage, n'est pas représenté dans la figure, mais on peut faci-
lement y suppléer. Une cheville, à laquelle la corde qui retient
la bascule est attachée, et qu'un homme se prépare à rompre
d'un coup de masse, semble remplacer la détente. En était-il
réellement ainsi? cette disposition est-elle de l'invention du dessinateur peu au fait des détails d'une pareille machine? Je l'i-
gnore, mais cela importe peu, et la vignette, tout incorrecte
qu'elle est, suffit pour montrer quels étaient le principe et la
forme générale de la machine.

[130] Le manuscrit de Schilling, écrit en 1404, et qui fait
partie des Chroniques de Berne, présente, dans une de ses nombreuses et belles vignettes, un appareil qui ne diffère du précédent que par quelques détails. Nous le donnons sous la figure 14ᵉ. La fronde y est remplacée par une espèce de sabot en
fer sur lequel le projectile est posé. On voit, dans la caisse suspendue au petit bras de la bascule, les pierres qui font contre-
poids. Le dessinateur a fait abstraction du cordage et de la détente ; il n'a pas oublié le treuil, mais il l'a placé entre les deux
montants où il ne doit pas être, parce qu'à cette place il gêne-
rait le mouvement de la caisse.

[131] La Chronique de Justinger parle de deux machines
de ce genre dont les Bernois se servirent en 1303 pour assiéger
Wimmis. Elle en a conservé les noms : l'une s'appelait *Holz-
metze* et l'autre *Esel* (la fille de bois et l'âne).

[132] Un manuscrit de la Bibliothèque de Genève, dont le
sujet est la guerre de Jugurtha, et qui paraît avoir été écrit vers
la fin du quatorzième siècle, montre encore, quoique sur une

échelle beaucoup plus petite, cette même machine. Le peintre qui a illustré l'ouvrage, en même temps qu'il a donné aux personnages les habits et les armes de son époque, n'a pas hésité à remplacer les machines de jet des anciens par les lourdes bombardes telles qu'elles ont été construites dans les premiers temps des armes à feu. Il a représenté ce qu'il connaissait, sans s'inquiéter de l'anachronisme, et comme, à côté de ces bombardes, il a dessiné, assez distinctement pour qu'on puisse la reconnaître, une machine à bascule ou trébuchet, il faut bien admettre que cette machine était en usage à l'époque où les armes à feu ont commencé à s'introduire dans les armées. La figure 15e, calquée sur l'original, représente le trébuchet, sa flèche en l'air, après avoir joué. On aperçoit, devant le soldat qui garde la machine, une roue au moyen de laquelle le treuil était, sans doute, mis en mouvement. Deux projectiles sont déposés au pied de la machine, qui est dépourvue de fronde et paraît devoir être simplement munie d'un cuilleron. La figure est trop petite pour qu'il y soit représenté; mais son jeu est beaucoup plus facile à comprendre que celui de la fronde.

[133] L'existence de cette fronde ne peut cependant pas être révoquée en doute, puisque, ainsi qu'on l'a vu, elle est très-clairement exprimée dans les figures précédentes. Wurstisen, décrivant la machine à bascule[1], dit très-positivement qu'à l'extrémité de la flèche, une fronde, ou lacet (schling), est attachée et couchée sur la terre jusqu'à ce qu'on y ait placé une pierre pesant plusieurs quintaux.

[134] Pour me faire une idée du jeu de la fronde, je me suis

---

[1] *Wurtisens Baslerkronik*, pag. 397; édit. 1580.

aidé d'un appareil construit dans d'assez grandes proportions, pour que toutes les circonstances du mouvement pussent être saisies [1]. J'ai vu, non sans surprise, que l'effet de la machine était presque doublé par l'addition de la fronde; c'est-à-dire, que la même balle qui est lancée à 6 mètres de distance avec le cuilleron, l'était à 11 avec la fronde, dont la longueur était un peu moindre que celle du grand bras de la bascule. Celle-ci était de 51 centimètres, l'autre de 43. Le petit bras n'avait que 17 centimètres. Pour que la fronde puisse jouer, il faut qu'un de ses cordons étant attaché au bras, l'autre soit passé par une boucle à une cheville qui se tire d'elle-même quand le bras arrive à sa position supérieure. Le cordon ainsi dégagé, le projectile part sous un angle d'élévation qui diffère peu de 45 degrés, quand le bras s'arrête à 30 degrés de la verticale. Ainsi donc, non-seulement il est possible de se servir d'une fronde avec le trébuchet, mais, comme elle ajoute notablement à l'effet, on a dû l'employer communément.

[135] Si le jeu de la fronde est difficile à comprendre, il n'en est pas de même du cuilleron qui reçoit également un projectile : le contre-poids arrivé au plus bas de sa chute, la bascule s'arrête subitement, le projectile s'en détache et part avec sa vitesse acquise. Il sera lancé plus ou moins loin, suivant l'angle qu'il fera avec l'horizontale au moment de son départ, ou, ce qui revient au même, suivant que la bascule restera plus ou moins inclinée après le déclic. Le contre-poids, ayant beaucoup de volume, devait s'arrêter contre les supports et conserver ainsi

[1] M. Veinié, directeur de la machine hydraulique de Genève, m'a secondé dans ces expériences, ainsi que dans celles dont il a été question plus haut. Je lui dois d'heureuses idées et l'exécution de modèles qui ne laissent rien à désirer.

à la bascule une certaine inclinaison qu'on pouvait augmenter encore en courbant cette bascule. Mais tout cela est en déduction de la hauteur de chute et par conséquent de l'effet. Aussi ces machines lançaient-elles plutôt de très-grands poids, qu'elles ne les portaient loin. D'après quelques renseignements locaux que je tiens de l'obligeance de M. le lieutenant Leehmann, auteur de la Statistique militaire de la Suisse, les machines dont les Bernois se sont servis dans quelques-uns de leurs siéges, ne portaient pas à plus de 100 mètres ; à celui de Nidau la distance des batteries était à peine de 60 mètres.

[136] Quoi qu'il en soit, je crois devoir donner encore la figure 16°, prise dans le *Poliorceticon* de Juste-Lipse. Elle se trouve réunie à plusieurs autres du même genre, dans la même planche, sans autre explication que la note suivante : *Sequentes figuras, Lector, Gabrius Busschius delineavit effinxitque ex veteri libro, qui Urbinatium ducis nunc Allobrogum est.* Il est très-surprenant, qu'après avoir parlé très-longuement des balistes et des catapultes des anciens, il ne dise rien des machines du moyen âge qui devaient lui être plus connues, et se contente d'en donner quelques figures, sans dire seulement comment elles s'appelaient. Celle que je rapporte a l'avantage de montrer très-distinctement toutes les parties et de bien faire comprendre les moyens de bandage et de détente. Lorsque la griffe avait saisi l'anneau sous le cuilleron, on décrochait la corde du treuil, et la bascule était prête à jouer. On la faisait partir en tirant avec un cordon le levier de la détente. Le treuil agissait sur le grand levier de la bascule au moyen d'une poulie de renvoi, laquelle devait être remplacée par une moufle quand la machine était très-puissante.

[137] Maizeroy dit, dans son *Traité de l'art des siéges*, que ce même mécanisme se trouve dans les livres chinois qui traitent des anciens usages de la Chine ; il ajoute qu'il a eu entre les mains une traduction très-littérale, avec les figures, de toute la partie qui concerne la guerre, tirée du plus authentique de ces livres, imprimée en 1608. La machine y est représentée sous le nom de *Pao;* elle est dans le même principe que celles dont on vient de parler, à l'exception qu'au lieu de contre-poids, ce sont des cordes tirées par plusieurs hommes qui font relever le bras pour jeter la fronde. Les plus fortes ne jetaient pas au delà de 150 mètres.

[138] Il est évident que c'est à cette machine que, dans le moyen âge, on a donné les noms de *Trybock* et de *Trébuchet*. On peut aussi l'avoir appelée *Périère*, *Engin à verge ;* mais, comme ces noms, dont se servent les chroniqueurs, conviennent également à l'onagre du Bas-Empire, la question est de savoir si le secret de cette machine a été retrouvé après les siècles de barbarie qui durent effacer tous les souvenirs de la civilisation romaine ; si l'on a fait usage des câbles tordus pour lancer les pierres, ou si l'on n'a connu que la machine à contre-poids, dont l'usage paraît avoir été très-répandu. La question n'est pas facile à résoudre, parce que les auteurs que l'on pourrait consulter ne donnent pas la description des machines dont ils parlent, et que ce qu'ils racontent de leurs effets et de ce bras qui s'élevait en l'air pour jeter de lourdes masses dans les villes assiégées, peut s'appliquer au trébuchet aussi bien qu'à l'onagre[1].

---

[1] Ducange dit que l'usage du *Trébuchet* était nouveau à la fin du Xe siècle ; que

[139] On est donc réduit aux conjectures, et d'abord nous
voyons, dans l'histoire de la conquête de l'Angleterre par les
Normands, qu'à la bataille de Hastings, livrée en 1066, les
Anglo-Saxons avaient des pierriers dans leur armée. Ils s'étaient
formés en tortues pour repousser l'attaque des Normands, et
avaient placé leurs machines en arrière. Pendant le combat ils
ouvrirent tout à coup leurs rangs, et leurs pierriers firent éprou-
ver de grandes pertes aux troupes de Guillaume-le-Conquérant.
Les pierriers dont il est ici question devaient avoir un tir assez
rasant, puisqu'il fallut les démasquer. Ce n'étaient donc pas
des machines du genre de l'onagre ; ce n'étaient pas non plus
des trébuchets, machines trop lourdes, à cause de leurs contre-
poids, pour suivre les armées et être employées dans les combats. C'étaient, à ce qu'il paraît, des balistes semblables à celles
des anciens.

[140] Cette conjecture prend plus de consistance, lorsqu'on
sait qu'à la bataille de Lincoln, livrée un siècle et demi plus
tard, par les troupes de la même nation, contre le prince Louis,
fils de Philippe-Auguste, les Anglais avaient environ 200 *ba-
listaires* dans leur armée, lesquels s'étant jetés dans le château
de Lincoln et ayant placé leurs machines sur les tours, ne ces-
sèrent de tirer contre les Français qui traversaient la ville, et
éclaircirent beaucoup les rangs des chevaliers. Ces armes meur-
trières devaient être des scorpions ou de véritables balistes de
campagne. L'historien Capefigue, qui rapporte ce fait, ne dit

l'empereur Othon en fit usage pour la première fois au siége de Vicence. *Ibi pri-
mum cœpit haberi usum instrumenti bellici quod vulgo* Trybock *appellari
solet. Dictionn. Ducangii, art. Trybock.* Mais selon Claude Fauchet, cette ma-

pas si les machines des Anglais lançaient des traits ou des pierres ; mais, comme le principe de ces machines est le même, on doit croire que la puissance des câbles tordus était connue au moyen âge.

[141] Il est difficile de penser qu'on ait pu faire brèche avec le trébuchet. Il fallait un tir assez rasant qu'on ne peut obtenir qu'avec une machine à deux bras. Or l'histoire des croisades fournit plusieurs exemples de brèches opérées par les pierriers, ou les *périères*, comme on les appelait alors, entre autres aux siéges de Nicée, de Jérusalem, de Tyr et de Didymotique ; il fallait donc que ces périères fussent du genre des anciennes balistes. L'historien de la guerre des Hussites, J. Lenfant, dit qu'au siége de Carlstein, en 1422, on battit les murs avec des pierres lancées par *frondes* et *balistes*, d'une si terrible manière, que les forêts voisines en retentissaient. Théobald remarque que de son temps on gardait encore dans le monastère de Slowan en Bohême, les *catapultes* dont on se servit à ce *siége*. Les frondes dont il est ici question pouvaient être des trébuchets aussi bien que des onagres ; mais les autres machines à lancer les pierres ne devaient être que de véritables balistes. Le moine Théobald appelle les unes et les autres catapultes.

[142] On voit dans le journal du siége d'Orléans, que quelques-unes des tours de cette ville étaient encore, en 1428, embarrassées par des balistes extrêmement compliquées, et que la démolition d'une de ces énormes machines donna vingt-six voi-

chine serait beaucoup plus ancienne ; il prétend qu'elle était connue du temps de Charlemagne sous les noms de *Blyde*, de *Clyde* et de *Lide*. (*Œuvres de Fauchet, Mélanges, de la Milice et Armes.*)

tures de bois (*Histoire du siége d'Orléans*, par Jollois. Paris,
1833). Le trébuchet, quelque grand qu'on le suppose, n'a pas,
à beaucoup près, un pareil volume; ce n'est pas non plus une
machine compliquée. Ce que la chronique dit de ces vieilles machines ne peut s'appliquer qu'à la baliste telle que nous l'avons
décrite en l'art. 10, sect. Ire.

[143] Le poëme d'Abbon contient un passage qui doit être
regardé comme une preuve qu'à l'époque du siége de Paris par
les Normands, c'est-à-dire en 886, on employait la force des
nerfs pour lancer les projectiles. Car cet auteur, qui a été témoin du siége, s'exprime ainsi : *Mittitur arte phalâ (e turri)
vexare phalarica binos artifices nervis jaculata uno quoque
plectro*. Une phalarique lancée d'une tour avec adresse, *par la
force des nerfs*, frappe du même coup les deux ouvriers.

[144] Enfin, nous avons le témoignage de Juste-Lipse qui
dit avoir trouvé dans l'arsenal de Bruxelles les restes d'une baliste dont il donne le dessin, et qui est tout à fait semblable au
scorpion des anciens. Il l'appelle baliste, parce qu'elle avait
deux bras. Ainsi il est certain que les ingénieurs du moyen âge
connaissaient la force des câbles tordus, et qu'ils l'ont quelquefois employée à des machines du genre de la baliste et du
scorpion.

[145] Dès lors il est naturel de croire que l'onagre était également connu, et qu'il faut attribuer, en partie, à cette machine
les effets extraordinaires dont les histoires sont remplies. Le
passage d'Abbon, déjà cité au n° 67, sect. Ire, convient bien
plus à l'onagre qu'au trébuchet; car, dans le premier, les piè-

ces jumelles (*ligna geminata*) sont la partie essentielle, tandis
que dans le second c'est la bascule. Ces deux pièces formaient
le trait saillant de la machine qui suffit à l'auteur pour en donner l'idée. On peut ajouter qu'Abbon se sert quelquefois du
mot catapulte pour désigner la machine qui jette des pierres.

Mais si la véritable catapulte était employée au moyen âge,
il est certain aussi que le trébuchet partageait avec elle l'hon-
neur des siéges et ne lui cédait guère en puissance. On doit
même croire que la difficulté de se procurer des nerfs en quantité suffisante et de fabriquer les câbles énormes qu'exigeaient
les poids qui étaient lancés, a dû rendre les machines à câbles
tordus de plus en plus rares, et leur faire préférer celles à contre-
poids pour les pierriers, et celles à arcs élastiques pour lancer
des traits. Cela expliquerait pourquoi les écrivains du seizième
siècle, et Juste-Lipse en particulier, les connaissaient si peu. On
peut voir dans le roman de *Pantagruel*, liv. IV, ch. 61, que
la forme des anciennes machines était déjà oubliée au temps de
Rabelais, et faisait l'objet de discussions entre les savants et les
architectes, comme cela s'est répété deux siècles plus tard. « Il
« (Gaster) inventa art et moyen de battre et desmolir forteres-
« ses et chasteaux par machines et torments belliques, béliers,
« balistes, catapultes, desquelles il nous montra la figure, assez
« mal entendue des ingénieux architectes, disciples de Vitruve,
« comme nous l'a confessé messer Philebert de l'Orme, grand
« architecte du roi Mégiste. »

[146] Les machines à traits étaient connues, dès le temps de
Ville-Hardoin, sous le nom de *mangonaux* ou *mangoniaux*;
on les a appelées plus tard *arbalestres à tour*, c'est le terme
dont se sert Joinville, historien de saint Louis; plus tard encore

ribaldequins, *arbalestres de passe*. Elles étaient ordinairement construites sur le principe de l'arc ordinaire et quelquefois dans de très-grandes proportions. Leurs arcs avaient jusqu'à cinq et six mètres de longueur. Si l'on remonte à une époque plus reculée, ces armes sont désignées sous les noms de *balistes*, de *toxobalistes*. Ce n'est pas une raison de croire qu'elles fussent nécessairement à câbles tordus ; il suffisait qu'elles lançassent des traits pour être ainsi appelées par opposition aux *petrariæ* qui jetaient des pierres. Nous trouvons en effet dans la Notice de l'Empire (*Notitia Imperii*), ouvrage du cinquième siècle, la description suivante d'une machine à lancer des traits : « Le « dard est lancé avec une très-grande force, au moyen d'un « arc de fer fixé sur le canal. Les dimensions de cet arc ne « permettent pas de le bander à la main ; mais deux roues, pla- « cées en arrière et mises en mouvement chacune par un hom- « me, tirent la corde au moyen d'un appareil approprié à cet « usage. Le corps même de la *baliste* est élevé ou abaissé, selon « que le besoin le requiert, par une vis de pointage. »

[147] Mais la baliste à câbles tordus, ou, pour mieux dire, le scorpion, était également connu à l'auteur anonyme de la *Notice de l'Empire* ; car, après avoir décrit une machine de campagne portée sur quatre roues, il ajoute ces mots : « Il faut « savoir que ce genre de baliste, servie par deux hommes, ne « lance pas ses traits comme les autres, mais au moyen de bras « (*radiis*.) »

[148] De tout ce qui précède nous devons conclure que les machines des Grecs et des Romains, savoir les scorpions, les balistes et les catapultes, qui avaient pour principe moteur la

force des câbles tordus, ont également été employées dans le moyen âge, quoique la catapulte ou onagre paraisse avoir été remplacée presque partout par le trébuchet, et que le scorpion ait fait place à ce qu'on a d'abord appelé baliste, toxobaliste, et ensuite mangonneau, ribaldequin, qui n'était autre chose qu'une arbalète ordinaire, construite dans de grandes proportions. C'est sans doute à la difficulté de faire les câbles, de les régler, de les conserver, à l'impuissance de se procurer quand on le voulait une grande quantité de cordes de nerfs, qu'il faut attribuer l'abandon de machines très-puissantes quand elles sont en bon état, mais qui se dérangent aisément, pour d'autres moins parfaites mais plus durables, et sur lesquelles les influences atmosphériques étaient sans effet.

Art. 2.

Calculs du Trébuchet à cuilleron.

[149] Le calcul s'applique aisément aux machines qui ont la gravité pour principe moteur. En effet, si nous supposons, et il est facile d'obtenir cette condition, que les deux leviers de la bascule soient en équilibre, on pourra en faire abstraction pour ne s'occuper que des poids.

Soient donc P le poids suspendu au levier le plus court de la machine, π le poids du projectile ;

V la vitesse du projectile au moment où il va quitter le cuilleron, v celle du centre de gravité du contre-poids au même moment ;

H la hauteur dont le cuilleron s'élève, h celle dont le contre-poids descend dans le même temps ;

a la longueur du grand levier de la bascule, b celle du petit levier.

Les quantités d'action fournies en sens opposé par les deux poids, dans l'abattage, seront Ph et πH ; et les forces vives développées dans le même temps par les deux masses, seront $\frac{P}{g}v^2$ et $\frac{\pi}{g}V^2$, le coefficient de la gravité étant représenté par g, en sorte qu'en se servant du mètre pour unité de longueur, sa valeur soit $g = 9^m,81$. On aura donc, par le principe des forces vives, la relation suivante :

$$\frac{P}{g}v^2 + \frac{\pi}{g}V^2 = 2\,(Ph - \pi H)$$

Mais le projectile et le contre-poids étant placés aux deux extrémités des leviers a et b de la même bascule, la vitesse v est égale à $V\frac{b}{a}$, et l'on a aussi $H = \frac{a}{b}h$; ou bien, en exprimant le grand levier au moyen du petit, ou en faisant $a = nb$, $v = \frac{V}{n}$ et $H = nh$. Substituant ces valeurs, et tirant celle de V, il vient

$$V = n\sqrt{2gh\left(\frac{P - n\pi}{P + n^2\pi}\right)} \qquad (\mathbf{a})$$

Cette vitesse est nulle quand on a $P = n\pi$, ou $Pb = \pi a$, ce qui est en effet la condition d'équilibre entre les poids P et π, suspendus aux leviers b et a.

[150] Quant à la portée A, pour un angle de projection α, elle est donnée par la formule

$$A = \frac{V^2}{g}\,sin\,2\,\alpha.$$

en sorte qu'elle devient, par la substitution de la valeur de V,

$$A = 2\,n^2 h \left(\frac{P - n\Pi}{P + n^2\Pi}\right) sin\,2\alpha \qquad \textbf{(b)}$$

Sur quoi il faut remarquer que cette portée est ce qu'on pourrait appeler celle de *but en blanc*, c'est-à-dire que c'est la portion AB (fig. 17°) de l'horizontale passant par le centre du cuilleron, comprise entre ce point et celui où cette horizontale est coupée une seconde fois par la parabole AMB. Pour avoir la portée effective CD , il faut ajouter à la précédente la distance PD, qui diffère peu de la hauteur BP, c'est-à-dire de la hauteur totale de l'appareil, quantité très-appréciable comparativement à AB, ainsi qu'on va le voir. Ainsi donc, en désignant cette distance par δ, nous aurons

$$\text{Portée} = A + \delta$$

Mais si nous désignons par q et q' les lignes ME et MF, nous aurons

$$q = \frac{V^2}{2g}\,sin^2\alpha \qquad \text{et} \qquad q' = H + q$$

Ensuite la propriété connue de la parabole donnera

$$\overline{FD}^2 : \overline{EB}^2 = q' : q$$

d'où l'on tirera

$$\delta = \tfrac{1}{2}A \left(\frac{\sqrt{q'} - \sqrt{q}}{\sqrt{q}}\right)$$

et

$$\text{Portée} = \tfrac{1}{2}A \left(\frac{\sqrt{q} + \sqrt{q'}}{\sqrt{q}}\right) \qquad \textbf{(c)}$$

[151] Supposons, pour exemple, un trébuchet lançant un

boulet de 100 kilogrammes, et pour lequel on ait $P = 3000^k$, $h = 2^m,00$ et $n = 3$, la formule (a) donnera

$$V = 3\sqrt{2g \cdot 2 \cdot \left(\frac{3000 - 300}{3000 + 900}\right)}$$
$$V = 15^m,65.$$

La formule (b) revient à $A = \frac{V^2}{g} sin\, 2\alpha$; et, si l'angle de projection est de 35 degrés, comme nous le supposerons, elle devient $A = \frac{V^2}{g} sin\, 70$; et, en mettant les nombres, elle donne

$$A = \frac{(15,65)^2}{g} \cdot sin\, 70$$
$$A = 23^m,47.$$

C'est le but en blanc. Pour obtenir la portée, il faut avoir recours à la formule (c). Et d'abord on calcule les hauteurs q et q', au moyen des relations $q = \frac{V^2}{2g} sin^2\alpha$, et $q' = H + q$ qui donnent

$$q = \frac{(15,65)}{g} \cdot sin^2 35 = 4^m,109 \quad \text{et} \quad q' = 6 + 4,109 = 10,109.$$

Alors la substitution de ces nombres conduit à

$$\text{Portée} = 11^m,735 \left(\frac{\sqrt{4,109} + \sqrt{10,109}}{\sqrt{4,109}}\right)$$
$$\text{Portée} = 30^m,14.$$

On voit, par cet exemple, combien le trébuchet est inférieur à la baliste, car un contre-poids de 3000 kilogrammes est déjà considérable.

[152] Ces machines ont un effet limité, c'est-à-dire qu'avec des dimensions déterminées, elles ne peuvent pas jeter au delà d'une certaine distance un projectile quelconque, ni lui imprimer une vitesse illimitée, quelle que soit la grandeur du contre-

poids qui les met en mouvement. En effet, si dans les formules (a) et (b) nous faisons $P = \infty$, nous aurons

$$V = n \sqrt{2gh} \quad \text{et} \quad A = 2n^2h \cdot sin\, 2\alpha$$

parce que les termes $n\pi$ et $n^2\pi$ disparaissent devant P qui est infiniment grand; en sorte que

$$\frac{P - n\pi}{P + n^2\pi} = 1$$

[153] La première expression signifie que la plus grande vitesse qu'on puisse imprimer à un projectile quelconque, avec un trébuchet dont le grand levier vaut n fois le petit, est égale à n fois la vitesse due à la hauteur de chute du contre-poids. Il est en effet impossible que l'extrémité du grand levier prenne une vitesse plus grande étant chargée de quoique ce soit, puisque $n\sqrt{2gh}$ est sa vitesse quand elle est sans pesanteur.

[154] Et pour la plus grande portée de but en blanc qu'on puisse obtenir avec une machine déterminée, elle est donnée par la relation $A = 2n^2h$, et dépend, comme on voit, de la hauteur de chute du contre-poids et de la proportion établie entre les deux leviers de la bascule. C'est en-dessous de cette limite qu'on peut se proposer des problèmes sur la portée; en-dessus, on ne trouverait que des résultats absurdes. Supposons, par exemple, un trébuchet pour lequel $h = 3^m$ et $n = 4$; la limite de portée de but en blanc sera $A = 2.16.3$ ou $A = 96^m$. On peut alors demander quel serait le contrepoids P qui, avec ce trébuchet, lancerait un projectile de n kilogrammes à la distance de 60 ou 80 mètres, ou de telle autre distance au-

dessous de 96 mètres. Mais, si l'on voulait résoudre le même problème pour une distance plus grande que 96 mètres, on serait conduit à une impossibilité.

[155] Résolvons donc la question suivante : quel contre-poids faut-il à un trébuchet dans lequel $h = 3$ et $n = 4$, pour lancer un projectile de 400 kilogrammes à la distance de 60 mètres de but en blanc, sous l'angle de 45 degrés?

On se servira de la formule (b) dans laquelle on fera $A = 60$, $\pi = 400$, $h = 3$, $n = 4$ et $\alpha = 45°$. Elle deviendra

$$60 = 96 \left(\frac{P - 1600}{P + 6400} \right)$$

d'où
$$P = 14933^k,33$$

Poids énorme pour produire un effet bien limité. Quels devaient donc être les dimensions et le contre-poids des machines qui lançaient des pierres de 500 kilogrammes jusqu'à 100 ou 120 mètres? Essayons de nous en faire une idée : un trébuchet dont les deux leviers auraient $3^m,30$ et $16^m,50$ de longueur et dont l'abattage donnerait $h = 4^m,00$, exigerait encore un contre-poids de 15000 kilogr. pour lancer la pierre de 500 kilogr. à 100 mètres de distance de but en blanc, et à environ 118 mètres de portée effective. Cette machine énorme serait supportée par des colonnes de 8 mètres de hauteur, et l'extrémité de sa flèche s'élèverait à 21 mètres du sol. On voit par là combien de pareilles machines étaient lourdes, et quels appareils étaient nécessaires pour les manœuvrer. Mais la fronde qu'on y adaptait ajoutait beaucoup à leur effet, comme le prouvent l'expérience que j'ai rapportée ainsi que les calculs de l'article suivant.

Art. 3.

Calculs du Trébuchet à Fronde.

[156] Lorsque le trébuchet est armé d'une fronde, le projectile est d'abord traînant sur le plan horizontal MN, fig. 18^c, depuis la position primitive A'B' de la bascule, jusqu'à la position CI où la fronde est verticale. A partir du point K, le projectile se détache du plan horizontal et s'écarte de plus en plus de la verticale en raison de la vitesse qu'il a déjà acquise et de la force centrifuge qui le pousse en dehors ; en sorte que l'angle GLC, que forme le cordon de la fronde avec le grand levier, s'ouvre toujours davantage, jusqu'à la position extrême E A où la fronde laisse partir le projectile dans une direction E T tangente à la courbe E G K décrite par le projectile dans son trajet. L'angle de projection α, formé par la ligne E T et l'horizontale E R, est sensiblement plus grand que l'angle ω que forme la bascule A B avec la verticale D C Z. C'est une première cause de la plus grande portée.

[157] Il y a deux quantités d'action nouvelles à introduire dans le calcul : l'une positive qui est due à la force centrifuge, l'autre négative, provenant du frottement du projectile sur le plan horizontal. Soit φ la valeur moyenne de la force centrifuge ; son effet sur la masse m sera $m\varphi$ ou $\dfrac{n}{g}\varphi$. Elle écarte le projectile de la verticale passant par l'extrémité du levier ; elle lui fait donc parcourir en réalité un espace égal à la longueur de la fronde. Ainsi, en représentant par l cette longueur, la quantité d'action due à la force centrifuge sera $\dfrac{n}{g}\varphi l$.

14

Quant à celle qui provient du frottement, elle a pour valeur le tiers du poids, ou, plus généralement, la portion f de ce poids qui mesure la résistance du frottement, par l'espace frotté e; cette valeur est donc fe.

[158] Les forces vives sont $\frac{\Pi}{g}V^2$ et $\frac{P}{g}v^2$, au moment où le projectile arrive en E et va quitter la fronde. Mais la droite C E est sensiblement égale à CA + AE; en sorte, qu'en continuant à représenter par a et b les deux leviers CA et CB de la bascule, et faisant $a + l = nb$, on a $v = \frac{V}{n}$, et les forces vives sont $\frac{\Pi}{g}V^2$ et $\frac{PV^2}{gn^2}$.

L'équation devient donc dans ce cas

$$\frac{V^2}{g}\left(\frac{P + n^2\Pi}{n^2}\right) = 2\left\{ h(P - n\Pi) + \frac{\Pi}{g}\varphi l - fe \right\}$$

Le dernier terme du second membre a peu d'influence sur le résultat. Il n'en est pas de même de l'avant-dernier. Malheureusement on ne peut le calculer que par approximation, parce que φ dépend de la vitesse du projectile et de la courbe qu'il décrit. On sait, en effet, que u étant cette vitesse et r le rayon de courbure de la courbe on a $\varphi = \frac{u^2}{r}$. Mais on ne connaît exactement ni u ni r correspondants à la valeur moyenne de φ. J'ai trouvé cependant qu'on est assez près de la vérité en prenant, pour la vitesse u, celle que donne la formule ci-dessus quand on supprime les deux derniers termes du second membre, et pour r la valeur $\frac{a + l}{2}$.

Quoiqu'il en soit, on a en résolvant

$$V = n\sqrt{2gh\left(\frac{P - n\Pi}{P + n^2\Pi}\right) + \left(\frac{\Pi\varphi l - fge}{P + n^2\Pi}\right)} \qquad \textbf{(d)}$$

formule qui montre l'influence des deux nouvelles forces sur la vitesse et par conséquent sur la portée. La vitesse est augmentée d'abord par le facteur n qui est plus grand pour la machine à fronde que pour celle à cuilleron, dans le rapport de $\frac{a+l}{b}$ à $\frac{a}{b}$. Elle s'accroît encore par le terme $\frac{\Pi\varphi l - fge}{P + n^2\Pi}$ qui est positif. Ainsi la machine à fronde sera, à dimensions égales, capable d'un plus grand effet que la machine à cuilleron.

[159] La vitesse étant trouvée, la distance de but en blanc et la portée effective, sont données, comme dans le cas précédent, par les formules

$$A = \frac{V^2}{g} \, sin \, 2\alpha$$

$$Portée = \tfrac{1}{2} A \left(\frac{\sqrt{q} + \sqrt{q'}}{\sqrt{q}} \right)$$

Nous en ferons l'application à la machine qui a servi à nos expériences. On a pour cette machine $a = 0^m,52$, $b = 0^m,17$, $l = 0^m,43$, $P = 5^k,43$, $\Pi = 0^k,18$ et $n = \frac{a+l}{b} = 5^m,59$, $e = 0^m,52$, $\alpha = 55°$.

On calcule d'abord u^2 par la formule (a), puis l'on divise cette valeur par celle de r qui est $\frac{a+l}{2} = 0,475$, et l'on obtient $\varphi = 151,77$.

Quant à f on l'estime ordinairement au tiers du poids ; ainsi $f = \frac{\Pi}{3} = 0,06$.

Substituant ces valeurs dans la formule (d) on a

$$V = 10^m,038.$$

On trouve ensuite $A = \frac{(10,038)^2}{g} . \, sin \, 110 = 9^m,84$. Telle est la portée de but en blanc. Pour avoir la portée effective, il faut calculer q et q', par les formules $q = \frac{V^2}{2g} sin^2 . 55$ et

$q' = H + q = 1^m,50 + q$; elles donnent $q = 3,513$ et $q' = 5,013$.
Ces valeurs étant enfin substituées dans la formule (c) on trouve

$$\text{Portée} = 10^m,796.$$

Or, la moyenne de dix expériences a donné 11 mètres pour la portée totale, quantité qui diffère bien peu de la précédente. On peut donc accorder quelque confiance à nos formules.

(160) Appliquons les mêmes calculs à la machine dont il a été question dans l'article précédent, et pour laquelle $P = 3000^k$, $h = 2^m,00$ et $n = 3$. On se rappelle qu'elle n'a lancé qu'à $30^m,14$ un projectile pesant 100 kilogrammes. Ajoutons-y une fronde de 3,50 de longueur, et admettons que lorsque le bras s'arrête en faisant avec la verticale l'angle de 35°, la fronde lâche le projectile sous l'angle de 45°. Il est toujours possible d'obtenir cette condition en réglant convenablement le départ de la cheville qui retient la seconde corde de la fronde.

Le petit bras étant de $1^m,50$, le grand sera de $4^m,50$, en sorte qu'on aura $n = \frac{a+l}{b} = 5,33$ et l'on obtiendra, en effectuant les calculs, $\varphi = 117,64$, $V = 25^m,78$, $A = 67^m,77$ et Portée effective $= 75^m,86$.

Ainsi la même machine, qui ne lançait le projectile qu'à $30^m,14$ avec un simple cuilleron, le jette avec la fronde à une distance plus que double. Il est vrai qu'il y a quelque chose de très-hypothétique dans la détermination de la force centrifuge moyenne φ; mais en la réduisant à moitié, on trouverait encore $A = 57^m,70$ et une portée effective de 65 mètres.

[161] Il est donc vrai, qu'en supposant toujours les deux leviers de la bascule équilibrés, la même machine armée d'une

fronde, lancera un même projectile à une distance à peu près double qu'avec le cuilleron. Les ingénieurs du moyen âge ayant reconnu cette propriété, ont dû faire presque tous leurs trébuchets à fronde et se servir de *bedaines*, ou globes de pierre, pour donner plus de justesse à leur tir. On trouve encore, en beaucoup d'endroits, de ces boulets de pierre qui sont taillés avec soin, et qui ont aussi été employés pour les bombardes dans les premiers temps de l'artillerie moderne. Les trébuchets à cuilleron, tels que celui de la figure 16ᵉ, étaient réservés pour lancer le feu grégeois ou des tonneaux remplis de matières pestilentielles. On ne pouvait s'en servir qu'en se rapprochant beaucoup des places assiégées.

[162] On trouve encore, en faisant $P = \infty$, que la plus grande distance possible du but en blanc, pour une machine donnée, est $A = 2\,n^2\,h$. Elle est, pour celle que nous venons de calculer, de $113^m,62$. On pourra donc, au-dessous de cette limite, poser toute espèce de question sur les portées; au-delà de la même limite elles seraient absurdes.

Art. 4.

Calculs de l'Arbalète à tour.

[163] Nous terminerons ce qui concerne les machines du moyen âge par les calculs relatifs à l'arbalète à tour ou mangonneau, et nous supposerons que cette machine exige, pour être bandée, l'effort de deux hommes agissant sur un tour et une moufle à deux brins.

On peut évaluer la puissance à 40 kilog. au moment du
plus grand effort : que cette force soit transmise au treuil par
des barres égales à huit fois le rayon, elle équivaudra à 320 kilog.
et elle sera encore doublée par la mouffle. En sorte que la force
qui agit sur la corde de l'arc, peut être évaluée à 640 kilog. à
la fin du bandage. Elle est d'abord nulle et elle croît par
degrés ; sa valeur moyenne est donc de 320 kilog. Si, d'un
autre côté, l'espace parcouru par la griffe, qui tire en arrière
la corde de l'arc, est, par exemple, de 1ᵐ,30, la quantité d'action consommée dans le bandage sera $320 \times 1,30 = 416$. On
a donc, en désignant par п le poids du trait et par V sa vitesse,

$$\frac{\pi}{g} V^2 = 2 \times 416$$

d'où
$$V = \sqrt{832 \times \frac{g}{\pi}}$$

[164] Supposons que le trait pèse une livre, ou 0ᵏ,50, il
viendra, en se rappelant que $g = 9^m,9088$.

$$V = 127^m,76.$$

Avec cette vitesse, le trait, partant sous l'angle de 15 degrés,
aurait une portée de 832 mètres. Il est vrai que la vitesse étant
déjà grande, la résistance de l'air doit diminuer notablement
la portée. On voit cependant que le mangonneau était aussi
redoutable que le scorpion des anciens ; et, comme il l'empor-
tait par la simplicité et la solidité, il lui était préférable. Tout
dépendait de la bonté de l'arc ; c'était la seule pièce difficile à
se procurer ; on le faisait ordinairement en acier et quelquefois
en bois d'if ou de frêne. Il devait être fort long, pour que le
bandage pût, sans le rompre, amener la corde en arrière de
1ᵐ,00 à 1ᵐ,50, et jusqu'à 2ᵐ,00. A cet égard, le scorpion avait

l'avantage sur l'arbalète à tour; il lui fallait moins de place et par conséquent on pouvait s'en servir plus commodément dans les endroits resserrés.

Ici se termine ce que j'avais à dire sur l'artillerie des anciens et sur celle du moyen âge. Tout ce que je pourrais y ajouter ne serait qu'hypothétique. C'est pour cette raison que je ne parle ni des épaulements, ni des plate-formes nécessaires pour le bon établissement des machines de jet. Les artilleurs en construisaient sans doute, mais il ne nous est parvenu aucun détail à ce sujet. Chacun pouvant se faire l'idée de ce qu'étaient, ou pouvaient être ces constructions, il n'y aurait aucune utilité à en parler dans ce Mémoire. Il n'en était pas de même pour les armes de jet; elles offrent, sous le point de vue historique et archéologique, un assez grand intérêt, pour me faire espérer que les hommes studieux accueilleront avec quelque bienveillance le petit ouvrage que je soumets à leur critique éclairée.

NOTA.

Le manuscrit de la Bibliothèque Royale dont il est question au n° [129] sous le titre de *Codex manessi*, porte peut-être un autre nom. Je ne l'ai pas consulté moi-même; je dois la figure 13°, qui en est extraite, à Monsieur le capitaine d'artillerie Hegi de Zurich. Cet officier, ami des arts et des recherches archéologiques, a copié, lors d'un séjour à Paris, un grand nombre des belles miniatures qui décorent ce précieux manuscrit, dont la date paraît remonter à la fin du XIII° siècle ou au commencement du XIV°.

J'ajouterai à ce qui a été dit sur le trébuchet, que celui dont il est question au n° [133], et dont Wurstisen donne la description dans sa Chronique, fut construit à Bâle en 1424, et par conséquent près d'un siècle après l'invention de la poudre; que l'essai en fut fait en dehors du *Spalenthor* (Porte Spalen), et qu'on s'en servit au siége de Rheinfeld en 1444. Au dire de M. le capitaine Hegi, qui le tient d'un témoin oculaire, cette machine se voyait encore dans l'Arsenal de Bâle à l'époque où l'incendie a détruit cet établissement. C'est probablement le seul exemple d'une de ces anciennes machines qui ait été conservée si longtemps.

TEXTES LATINS.

AMMIEN MARCELLIN, LIV. XIII, CH. IV.

Scorpionis autem quem appellant nunc *Onagrum*, hujusmodi forma est. Do-
lantur axes duo quernei vel ilicei, curvanturque mediocriter ut prominere videan-
tur in gibba, hique in modum serratoriæ machinæ connectuntur, ex utroque latere
patentiùs perforati : quos inter per cavernas funes colligantur robusti, compagem
ne dissiliat continentes. Ab hac medietate restium ligneus stilus exsurgens obli-
quus, et in modum jugalis temonis erectus, ita nervorum nodulis implicatur, ut
altiùs tolli possit et inclinari : summitatique ejus unci ferrei copulantur, è quibus
pendet stuppea vel ferrea funda : cui ligno fulmentum prosternitur ingens, cilicium
paleis confertum minutis, validis nexibus illigatum, et locatum super congestos
cæspites vel latericios aggeres. Nam muro saxeo hujusmodi moles imposita, dis-
jectat quidquid invenerit subter, concussione violenta, non pondere. Cum igitur
ad concertationem ventum fuerit, lapide rotundo fundæ imposito, quaterni altrin-
secus juvenes repagula quibus incorporati sunt funes explicantes, retrorsus stilum
pæne supinum inclinant : itàque demum sublimis adstans magister, claustrum
quod totius operis continet vincula, reserat malleo forti percussum : unde absolutus
ictu volucri stilus, et mollitudine offensus cilicii, saxum contorquet quidquid incur-
rerit collisurum. Et *tormentum* quidem appellatur ex eò, quod omnis explicatio
torquetur : *Scorpio* autem, quoniam aculeum de super habet erectum : cui etiam
Onagri vocabulum indidit ætas novella ea re, quod asini fieri cum venatibus agi-
tantur, ita eminus lapides post terga calcitrando emittunt, ut perforent pectora
sequentum, aut perfractis ossibus capita ipsa displodant.

15

Vitruve, Ch. XVIII.—*De Catapultarum Balistarumque contentionibus.*

Sumuntur tigna amplissima longitudine; supra figuntur *cheloniæ* (échantignoles), in quibus includuntur suculæ. Per media autem spatia tignorum insecantur et exiduntur formæ; in quibus excisionibus includuntur capitula catapultarum, cuneisque distinentur ne in contentionibus moveantur. Tunc vero modioli ærei in ea capitula includuntur et in eos cuneoli ferrei collocantur. Deinde *ansæ rudentum* (brins de câble) induntur per foramina capitulorum et in alteram partem trajiciuntur, involvunturque vectibus, uti per eas extenti rudentes cum manibus sunt tacti æqualem in utroque sonitus habeant responsum. Tunc autem cuneis foramina concluduntur, ut non possint se remittere : ita trajecti in alteram partem, eadem ratione, vectibus per suculas extenduntur, donec æqualiter sonent. Ita cuneorum conclusionibus ac sonitum musicis auditionibus catapultæ temperantur.

Procope, Liv. I, Ch. XXI.—*Guerre des Goths.*

Belisarius in turribus machinas locavit, quas appellant *Balistas.* Habent hæ speciem arcus, infra quem cornu concavum[1] prominet, catena laxa suspensum, ferreæque virgæ rectæ incumbens. Qui indè volunt hostem appetere, ligna, quæ sunt arcus capita[2] duo, modici funis nexu coire cogunt, et

[1] *Cornu concavum prominet,* peut se traduire par *pièce en saillie* portant une creusure. Elle est mobile d'après le texte; cette circonstance rappelle la Diostra des Grecs, mais il est difficile de comprendre comment cette pièce est suspendue à une chaîne lâche et posée sur des verges de fer.

[2] *Arcus capita,* les têtes de l'arc, ses extrémités formées par les deux bras, lesquels sont de bois dans les machines dont parle Procope. Il les appelle Balistes quoiqu'elles ne lancent que des traits, parce que de son temps, au 6e siècle, on ne se servait plus de la véritable Baliste, machine beaucoup plus puissante, quoique de forme semblable, et qui lançait ou pouvait lancer indistinctement des pierres et de très-gros traits. C'est ce qui a été suffisamment démontré dans le corps du Mémoire.

cavo in cornu sagittam aptant, dimidio quidem sagittis aliis, quas arcubus mittunt, breviorem; sed latiorem quadruplo: nec pennis consuetis instructam, at tenuibus lignis ¹, earum loco ita insertis, ut sagittæ speciem omnino reddant. Ei demùm infixa cuspide, admodum magna pro crassitudinis portione; multi, qui utrinque astant, vincula machinis quibusdam intendunt. Tum concavum cornu progrediens, erumpit: sagitta pariter vi tanta exploditur, ut sagittariorum jactus minimum duos æquet, incidensque in arborem lapidem-ve, facile frangat. Ejusmodi est machina quæ nomen ex eo traxit, quod vehentissime tela jaciat. In murorum pinnis alias machinas statuerunt, lapidibus mittendis idoneas, fundarum eæ sunt similes et *Onagri* appellantur.

(¹) On voit encore dans les arsenaux de la Suisse, une grande quantité de flèches d'arbalètes qui sont ainsi empennées de bois très-léger au lieu de plumes.

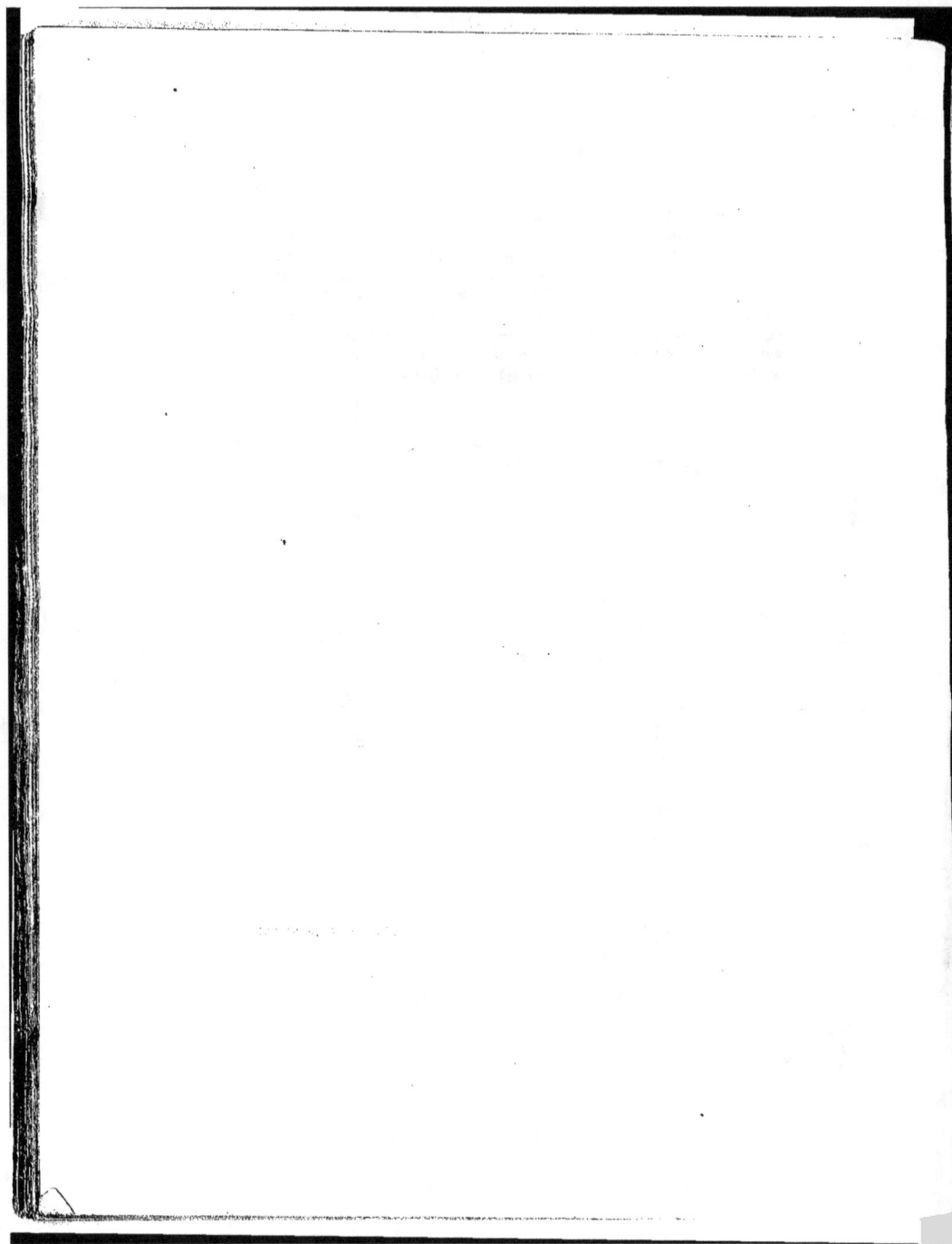

EXPLICATION DES FIGURES.

La Planche I donne les trois parties principales dans lesquelles un Scorpion peut se décomposer.

Fig. 1re. La *Crosse*, composée du *Syrinx* AB, du plateau mobile ou *Diostra* CD, des flasques, *Regulæ*, AE, GF et du treuil EF, *Sucula*.

Le Prisme CI qui portait la détente et s'adaptait à la partie postérieure de la Diostra, était le *Chelon* ou Tortue; il portait la noix ou *Chira m*, le levier de détente *n*, le pied de biche *rs* pour l'encliquetage, et l'anneau *o*, dans lequel passait le crochet de la corde qui s'enroulait sur le treuil, et que l'on a supprimée pour rendre la figure plus claire.

xy. Bande métallique taillée en crémaillère et fixée de chaque côté du Syrinx pour l'encliquetage.

uv. Canelure ou *Epitoxis* pratiquée dans la face supérieure de la Diostra pour recevoir le dard.

zt. Tenon à queue d'aigle sous la Diostra, lequel s'engage dans la rainure de même forme pratiquée tout le long du Syrinx.

Fig. 2. Le *Chapiteau* en plan et en élévation.

AB, CD.	Les Traversants ou *Péritrètes*.
ab, a'b'.	Les *Parastates* ou montants extérieurs.
cd, c'd'.	Les *Mésostates* ou montants intérieurs.
mn, m'n'.	Câbles de nerfs tordus ou *Tonons*. O, O' section desdits.
XY, X'Y'.	Bras du Scorpion ou *Ancons*.
ZV.	Corde de l'arc formé par les deux bras.
eid.	Section du Syrinx et de la Diostra.
rs, r's'.	Les *Epizyges*.

Fig. 3. Le *Pied* du Scorpion, avec le *Chalchesium* EFGH supposé coupé devant le tourillon de la Colonne.

AB. La Colonne ou support, *Columella*.
CB, BD. Semelles.

AC, AB, AD. Contrefiches ou *Capreoli*.

PQ. Section du Syrinx.

EG. Axe du Syrinx autour duquel se fait le mouvement de hausse et de baisse.

EF, GH. Côtés du Chalchesium servant de flasques.

IK, FH. Entretoise et fond du Chalchesium, traversés l'un et l'autre par l'axe ou pivot de la Colonne.

A*m*. Pivot autour duquel se fait le mouvement de rotation.

———————

La PLANCHE II, *Fig.* 4, représente un Scorpion monté et à moitié bandé. La corde du treuil est supprimée pour laisser voir le canal du Syrinx.

AB. Le *Syrinx*, avec la crémaillère *xy* sur le côté, et les flasques portant le treuil CD. Ces flasques sont boulonnés sur la queue du Syrinx légèrement entaillée pour les recevoir.

EF. Le *Chélon* attaché à la Diostra FG dont il fait en quelque sorte la continuation.

MN. Le *Chapiteau* fortement réuni au Syrinx par deux boulons qui traversent les Mésostates et une cheville qui traverse le Péritrète inférieur.

P*m*Q. La Corde passant dans la noix *m* de la détente, et tirant en arrière les deux bras. Cette noix est entaillée pour recevoir l'extrémité du dard.

HIK. Le *Chalchesium* recevant les tourillons de la Crosse dans des entailles pratiquées sur son bord supérieur et tournant autour du pivot de la Colonne.

RS. Arc-boutant ou *Anteridium* articulé en R, avec l'entretoise du Chalchesium, et armé d'une patte de fer S pour poser sur le terrain.

LT. Pièce appelée *Anapausteria*, au moyen de laquelle on donne plus ou moins de hausse au Scorpion en avançant ou reculant son extrémité supérieure.

XYZ. Trépied servant de base à tout le système.

———————

La PLANCHE III donne les détails du Chapiteau d'une Baliste.

Fig. 5. Elevation de l'*Antistate* ou traverse interne de l'Hémitonium. Son renflement en forme de tenon est destiné à recevoir le talon du bras.

Fig. 6. Tracé donné par Héron pour tailler les Péritrètes.

Fig. 7. Plan et élévation d'un Chapiteau.

ABCD, A′B′C′D′. Les deux *Hémitonia* réunis par des traverses boulonnées EF, GH.

XY, X′Y′. Les bras appuyés par leurs talons X, X′ sur le renflement des
Antistates.

mn, m′n′. Câbles de nerfs tordus.

R. Coupe du *Climax.*

v, u. Coupe des ailes du Climax formant coulisse pour la Diostra.

rs. Coupe de la Table, *Trapeza*, adaptée entre les Hémitonia pour supporter le Climax.

P. Le projectile posé sur la Diostra.

Fig. 8. Figure perspective du Barillet, *Modiolum.*

abcd. Corps du Barillet de forme carrée, pour être saisi par une clef.

mn. Partie cylindrique traversée par une cloison qui tient lieu d'Epizyge.

rs. Tenon circulaire qui s'engage dans le bois pour empêcher le Barillet de
se déplacer.

La PLANCHE IV, *Fig.* 9, donne en perspective une Baliste complète, sauf l'appareil de bandage qui a été supprimé. Cet appareil était presque toujours indé-
pendant et fixé sur le sol en arrière de la machine.

ABC. Le *Climax*, qui remplace le Syrinx.

EF, GH. Les *ailes du Climax*, entre lesquelles glissent le Chélon et la
Diostra.

IK. Le *Chélon*, portant la noix *m* et le levier de détente *n*. La noix n'est pas
fendue comme celle du Scorpion; elle ne porte qu'un seul crochet ou doigt, qui
prend la corde de l'arc dans un anneau D qui y est adapté.

LM. La *Diostra*, attachée au Chélon et glissant, comme lui, entre les ailes du
Climax. Elle pourrait, avec avantage, être fixée sur les traverses du Climax,
le Chélon seul restant mobile.

PDQ. La Corde en ruban qui amène les bras avec l'anneau D, dans lequel
s'accroche le doigt de la noix.

O. Le projectile posé sur la Diostra.

RS. La Table ou *Trapeza*, sur laquelle pose le Climax, et avec laquelle il est
fortement boulonné.

XYZ. Le Trépied du support dont une des branches se prolonge sous le Climax pour recevoir la vis de pointage. Les extrémités des Semelles sont munies
de roulettes *r,r* pour faciliter le mouvement de conversion qui s'opérait au
moyen d'un levier engagé en X sous la Semelle.

NN′T. Le *Chapiteau*, composé de deux Hémitonia biais réunis par une traverse supérieure *abcd*, et par une traverse inférieure que recouvre la Table et dont on ne voit que l'extrémité *ef*. Ces traverses sont assemblées avec les Péritrètes par quatre boulons ; des arc-boutants en fer *xy* les lient à la Table.

VU. La Vis de pointage dont la tête soutient la dernière traverse du Climax. L'écrou U est fixe et porté par des supports arrêtés sur la Semelle, laquelle est percée pour laisser passer la queue de la vis.

o, o'. Les *Chœnices* ou Barillets.

———

La Planche V, *Fig.* 10, donne la vue perspective de la Catapulte ou Onagre à demi bandé.

AB, CD. Les Crosses renforcées à l'endroit des trous.

EF. Le Bras ou *Ancon*, muni à son extrémité d'un cuilleron garni de fer où se place le projectile.

GH. Banc garni d'un coussin contre lequel le Bras vient heurter.

IK. Contrefiches pour appuyer le Banc.

L, M, N. Entretoises.

O. Le Joug, qui porte à chaque extrémité une poulie pour doubler la force du Treuil.

PQ. Le Treuil avec ses barres *ab, cd*.

RS. Câble de nerfs tordus.

TU. Lisoir percé dans le milieu pour recevoir la cheville ouvrière *m*, autour de laquelle tourne la machine, et que porte un Contrelisoir logé dans le sol.

V, V'. Sabots servant de supports. Les leviers de pointage se placent sous l'Entretoise L, à côté de ces Sabots, lesquels frottent sur un plateau circulaire logé dans le sol.

xy, x'y'. Brides de fer pour maintenir le Banc.

z, z'. Mâchoires de la détente, entre lesquelles vient s'engager le mentonnet E du Cuilleron.

w. Extrémité du petit levier au moyen duquel on abaisse le ressort de la Détente.

rs. Barillet denté à la circonférence.

tu. Pignon engrenant la roue du Barillet. Il porte un carré dans le milieu duquel s'adapte une clef à manivelle pour opérer le bandage

Planche VI, *Fig.* 11. Détente de la Catapulte vue de face et de profil.

abcd. Coupe du mentonnet du Cuilleron retenue par les mâchoires *m, n* de la Tenaille.

a'b'c'd'. Mentonnet et extrémité du Cuilleron vus de côté.

me, ne. Les deux branches de la Tenaille, coupées à moitié épaisseur pour qu'elles puissent se croiser.

pq. Axe des branches de la Tenaille.

rs. Coupe du petit Sabot que porte le ressort de Détente.

xy. Ressort de Détente fixé à l'Entretoise par deux vis *g, h* et portant le Sabot dont on voit la lèvre *zv*.

Fig. 12. Chalcotonum de Philon.

A. Coupe du *Tonon* ou câble tordu.

BC. Bras engagé dans le câble et appuyant en B′ sur le tenon de la Mésostate, lorsqu'il est à l'état de repos B′C′.

DE. Ressort habituellement courbé et que le Talon B du bras force à se redresser. Les lignes ponctuées indiquent le ressort à l'état de repos.

IK. Anse ou guide du bras : un anneau *a*, fixé au bras, court sur cette anse qui a sa pareille au-dessous.

MN. *Syrinx* auquel les ressorts sont fortement attachés.

Fig. 12 bis. Cette figure, qui est construite exactement à l'échelle, a pour objet de donner une idée de la grandeur d'une Baliste de 80 mines, en prenant la taille moyenne de l'homme pour terme de comparaison.

Le Chapiteau est coupé, et la Parastate est enlevée pour montrer le câble et rendre la figure plus claire. On voit distinctement dans cette figure comment la Table *ab*, placée sous le Climax, s'articulait avec la colonne du support.

Planches VII et VIII. Machines à contrepoids usitées dans le moyen âge.

Fig. 13. Cette Machine à contrepoids ou *Trébuchet* est tirée du manuscrit de la Bibliothèque royale de France, intitulé *Codex Manessi*. Elle est sans proportion, de même que celles qui suivent; mais elle suffit pour faire comprendre le mécanisme. Le dessinateur a supprimé le Treuil au moyen duquel on abaissait la bascule. La pierre à lancer est placée dans une espèce de fronde en cordages qui traîne dans une auge formant le pied de l'appareil. La Détente est remplacée par une simple cheville plantée dans le bord de l'auge, et que l'homme qui est placé derrière la machine va rompre d'un coup de masse pour faire partir le coup.

Fig. 14. Machine toute semblable à la précédente, copiée sur une miniature du manuscrit de Schilling, faisant partie des *Chroniques de Berne*. La Fronde y

16

est remplacée par un Sabot en fer traînant aussi dans l'auge sur laquelle la Machine est montée. On y voit le Treuil; mais le dessinateur ne l'a pas mis à sa véritable place; il doit être plus bas et fixé sur les arc-boutants. La corde qui retient la bascule n'y est pas représentée.

Fig. 15. Cette figure a été calquée sur une vignette du Salluste, manuscrit appartenant à la Bibliothèque de Genève. Quoique fort petite, on y reconnaît très-distinctement la Machine à projectiles, construite sur le principe du Trébuchet. Elle est représentée la Bascule levée, c'est-à-dire après avoir joué. La roue qui est sur la droite, près du gardien, doit être l'appareil d'abattage. Deux cailloux, devant servir de projectiles, se voient sur le plateau qui sert de base au Trébuchet.

Fig. 16. Cette figure, plus détaillée que les autres, est tirée du *Polyorceticon* de Juste-Lipse; elle montre assez bien les diverses parties du mécanisme.

La Bascule n'est pas armée d'une Fronde, mais d'une grande griffe dans laquelle se met l'objet à lancer; ici c'est un tonneau rempli de matière inflammable ou pestilentielle.

A. Les Montants assemblés dans deux Semelles couchées sur le sol et appuyées par des arc-boutants.

B. La Bascule abaissée et prête à jouer.

C. Grande caisse remplie de sable ou de pierres pour faire contrepoids.

D. La Détente, dont le crochet est engagé dans un anneau que porte, dans sa partie inférieure, la griffe de la Bascule. Une corde m, attachée au grand levier de la détente, donne le moyen de la faire partir.

E. Le Treuil, agissant sur la Bascule au moyen d'une corde qui passe sur une poulie de renvoi. Cette poulie devait être remplacée par une moufle dans les machines plus puissantes. Quand, avec cet appareil, on avait opéré l'abattage de la Bascule, on engageait le crochet de la Détente dans l'anneau de la griffe, et on dégageait l'extrémité n de la corde de bandage. La Machine était alors en état de jouer.

F. Le projectile, placé dans la griffe de la Bascule.

PLANCHE IX, *Fig*. 17, servant au calcul des effets du Trébuchet à Cuilleron. Section III, art. 2.

Fig. 18, servant au calcul des effets du Trébuchet à Fronde. Section III, art. 5.

Fig. 19. Courbe logarithmique donnant la loi suivant laquelle varient les poids qui font équilibre à la force de torsion dans tous ses degrés. Son équation est $y=a^x$, la base constante a étant égale à $1,12957$; l'exposant, en fonction de l'angle de torsion θ, est $x=\frac{\theta-10}{10}$.

Pour rendre les propriétés de la courbe plus sensibles, on a fait les ordonnées y à une échelle plus grande que les abscisses x.

La propriété caractéristique de la logarithmique est que les sous-tangentes prises sur l'axe asymptote OX sont égales. Ainsi, pour les points M, N, S, on a PQ=QR=RT.

Fig. 20, servant au calcul de la quantité d'action développée par le bandage d'une Baliste. Section II, art. 2.

TABLE DES MATIÈRES.

Pl. I.

Fig. 1.

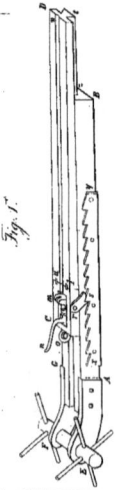

Fig. 2.

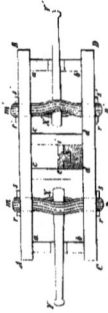

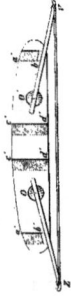

Fig. 3.

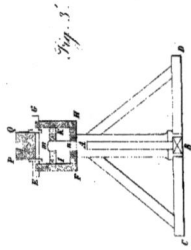

Pl. II.

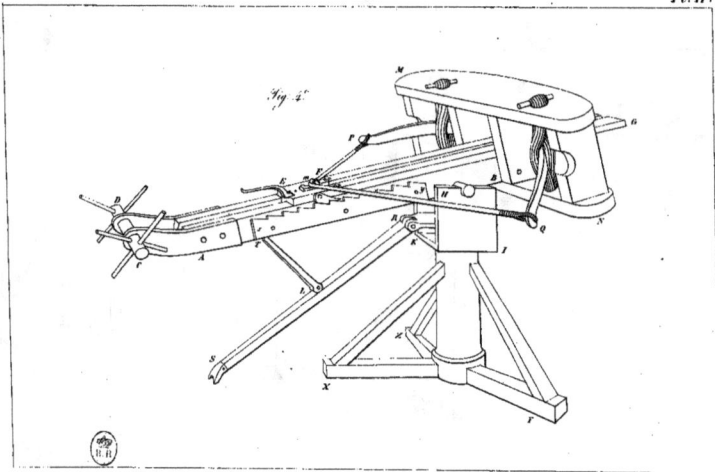

Fig. 4.

Pl. III.

Fig. 6.ᵉ

Fig. 5.ᵉ

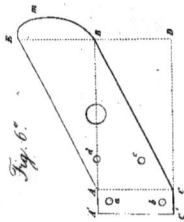

Fig. 7.ᵉ

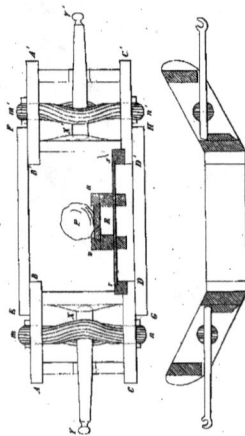

Fig. 8.ᵉ

Pl. IV.

Fig. 9.

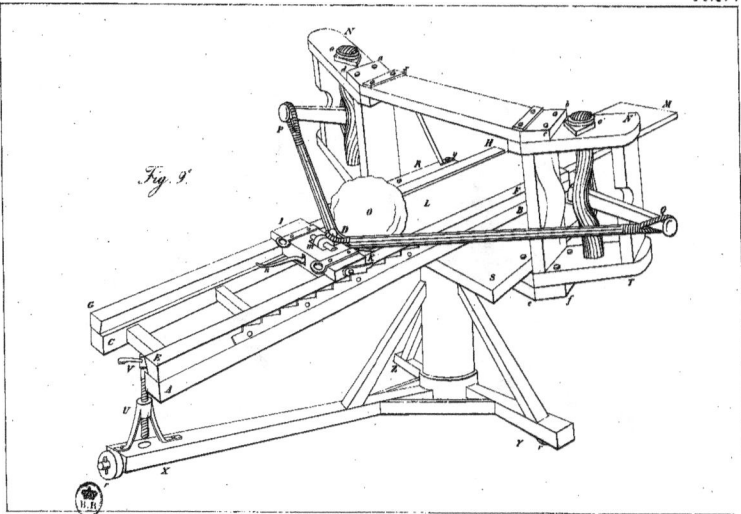

Pl. V

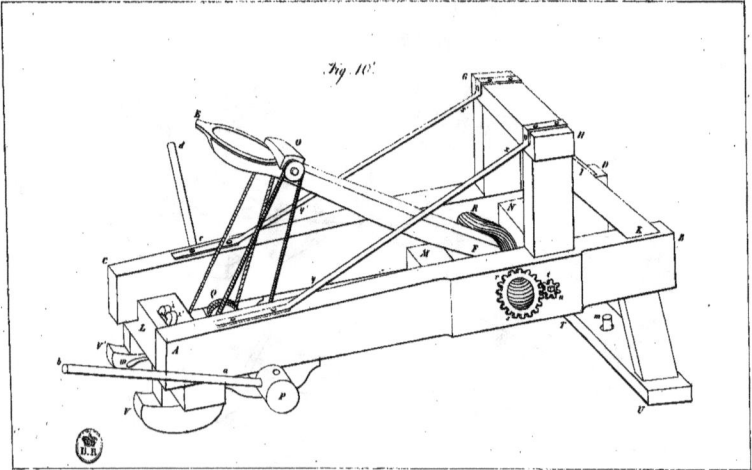

Fig. 10.

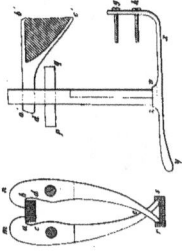

Fig. 11.

Fig. 12.

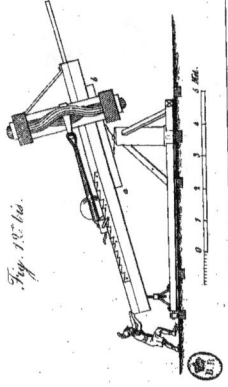

Fig. 13 et 14.

Pl. VII.

Fig. 13.

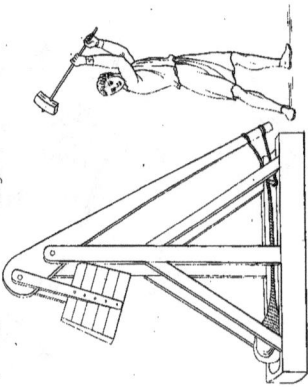

Fig. 14.

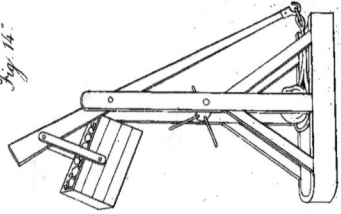

Pl. VIII.

Fig. 15.

Fig. 16.

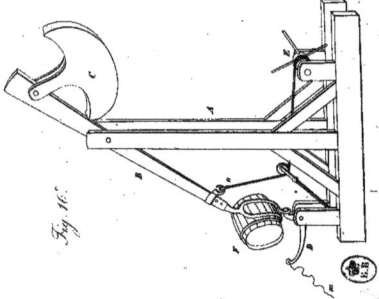

Pl. IX

Fig. 17.

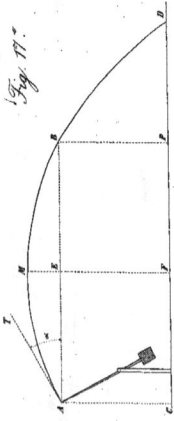

Fig. 15.

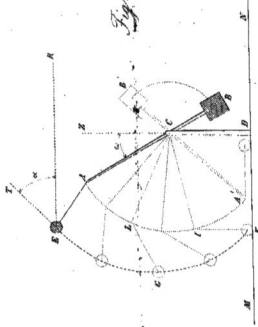

Fig. 20.

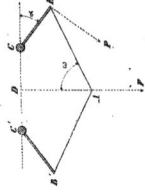

Fig. 19.

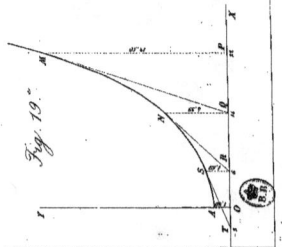

www.ingramcontent.com/pod-product-compliance
Lightning Source LLC
Chambersburg PA
CBHW052214270326
41931CB00011B/2346